LA BELLE ANTONIA

PAR

LE VICOMTE PONSON DU TERRAIL

auteur de

Les Étudiants de Heidelberg, les Gandins, la Jeunesse du Roi Henri, le Serment des quatre Valets, les Mémoires d'un Homme du Monde, le diamant du Commandeur, les Drames de Paris, les Exploits de Rocambole, le Club des Valets de Cœur, la Revanche de Baccarat, la Dame au Gant noir, les compagnons de l'Épée ou les Spadassins de l'Opéra, la Belle Provençale, ta Cape de l'Épée, la Contessina, les Cavaliers de la Nuit, Bavolet, Diane de Lancy, la Tour des Gerfauts.

I

PARIS

L. DE POTTER, LIBRAIRE-ÉDITEUR

RUE FONTAINE MOLIÈRE, 27.

LA BELLE ANTONIA

Avis aux personnes qui veulent monter un Cabinet de Lecture.

BIBLIOTHÈQUE

DES

MEILLEURS ROMANS MODERNES

2,100 vol. environ, format in-8°. — Prix : 2,500 fr.

Cette collection contient les NOUVEAUTÉS de nos auteurs les plus en vogue publiées jusqu'à ce jour par la maison, lesquelles sont accompagnées d'affiches à gravure et autres.

Les Libraires qui feront cette acquisition recevront GRATIS *cent exemplaires du Catalogue* complet et détaillé *avec une couverture imprimée à leur nom* pour être distribués à leurs abonnés.

La Maison traite de gré à gré pour un nombre moins considérable de volumes à des conditions très-avantageuses.

Le prix de chaque ouvrage, pris séparément, est de *cinq francs* net le volume.

Grandes facilités de payement moyennant les renseignements d'usage. Le Catalogue se distribue gratis aux personnes qui en feront la demande par lettres affranchies.

Paris. — Impr. de P.-A. Bourdier et Cie, rue Mazarine, 30

LA BELLE ANTONIA

PAR

LE VICOMTE PONSON DU TERRAIL

auteur de

Les Étudiants de Heidelberg, les Gandins, la Jeunesse du Roi Henri, le Serment des quatre Valets, les Mémoires d'un Homme du Monde, le Diamant du Commandeur, les Drames de Paris, les Exploits de Rocambole, le Club des Valets de Cœur, la Revanche de Baccarat, la Dame au Gant noir, les Compagnons de l'Épée ou les Spadassins de l'Opéra, la Belle Provençale, la Cape de l'Épée, la Contessina, les Cavaliers de la Nuit, Bavolet, Diane de Lancy, la Tour des Gerfauts.

I

PARIS

L. DE POTTER, LIBRAIRE-ÉDITEUR

RUE FONTAINE MOLIÈRE, 27.

Droits de traduction et de reproduction réservés.

1862

LES
MARIONNETTES DU DIABLE
PAR
XAVIER DE MONTÉPIN.

Annoncer un nouveau roman de l'auteur des *Viveurs de Paris*, des *Viveurs de Province*, et de la *Maison Rose*, c'est annoncer un nouveau succès. — L'immense popularité du jeune et brillant écrivain grandit chaque jour et son nom prend place désormais à côté de ceux de Balzac, de Soulié, de Sand et de Dumas.

Les *Marionnettes du Diable*, nous le croyons fermement, dépasseront la vogue méritée de tous les autres livres du même auteur. — Jamais en effet l'imagination puissante et dramatique qui a créé tant de types étranges et de situations émouvantes, n'a plus solidement tissu la trame vigoureuse d'un roman saisissant, passionné, bizarre, où des aventures d'une incroyable originalité se succèdent et s'enchaînent de façon à tenir le lecteur haletant de curiosité et d'émotion depuis la première page jusqu'à la dernière. — L'intérêt, poussé jusqu'à ses plus extrêmes limites, ne languit pas un instant, et, par un heureux mélange, le rire se mêle aux larmes et la gaîté à la terreur.

Malgré son titre, le roman les *Marionnettes du Diable*, n'est pas fantastique. — Le prologue seul se passe dans le royaume de Satan. — Les marionnettes sont des hommes, et les ficelles à l'aide desquelles le Diable les fait mouvoir à sa guise, on le devine, ce sont les passions. — Avec une telle donnée le romancier devait faire un chef-d'œuvre. — Les lecteurs jugeront bien qu'il n'a point failli à cette tâche.

LES ÉMIGRANTS
PAR
ELIE BERTHET.

Parmi les romanciers les plus estimés de notre époque, M. Elie Berthet a su conquérir une place à part. Ses ouvrages, pleins de naturel, de vérité, de bon sens, paraissent être plutôt des histoires que des romans. Il ne donne pas dans le travers de certains autres écrivains en vogue, qui, à force de complications, d'événements bizarres et impossibles, arrivent à produire des œuvres aussi obscures, aussi peu intelligibles que déraisonnables. Sa manière est celle du grand romancier anglais Walter Scott, auquel on l'a comparé plusieurs fois; et, comme Walter Scott, tous ses ouvrages sont frappés au coin d'une moralité rigoureuse. Sans écarter les passions violentes, les fautes, les crimes qui existent dans la société humaine, et qui sont un des éléments de l'intérêt dramatique, il ne manque jamais de les blâmer et de les flétrir. Aussi l'appelle-t-on le *romancier des familles*, et, en effet, tout le monde peut lire ses ouvrages, sans crainte de se souiller l'imagination, d'altérer son sens moral ou de s'endurcir le cœur.

Ces qualités de M. Elie Berthet sont surtout apparentes dans le beau roman les *Émigrants*, que nous publions aujourd'hui. L'histoire est si simple, si vraie, si touchante, qu'elle semble réelle, et l'on croirait que le romancier a reçu les confidences de quelques-unes de ces pauvres familles qui abandonnent leur sol natal pour aller chercher au loin une vie plus douce et plus prospère. Les causes ordinaires de l'émigration, les fatigues et les dangers auxquels s'exposent les émigrants, leurs illusions naïves, leurs mécomptes, et souvent les catastrophes auxquelles ils succombent, sont exposés avec une grande puissance et avec le plus vif intérêt. Aussi ne doutons-nous pas que le nouvel ouvrage de l'auteur des *Catacombes de Paris*, des *Chauffeurs*, du *Garde-Chasse* et de tant d'autres romans qui ont mérité la faveur du public, n'obtienne en librairie un immense succès.

CHAPITRE PREMIER.

I

Il pleuvait...

Le boulevard était désert, les boutiques fermées.

Minuit sonnait à la pendule d'un cabinet de la Maison-d'Or, où deux hommes étaient assis en face l'un de l'autre. Ils étaient jeunes tous deux, élégants dans leur mise, distingués dans leurs manières.

Tous deux résumaient à ravir le prototype du fils de famille. L'un s'appelait Raymond, l'autre se nommait Maxime.

Raymond était grand, il avait l'œil bleu, les cheveux blonds, le pied petit, la main allongée et fine.

Maxime était brun, de taille moyenne, svelte comme une créole de Bourbon, blanc et pâle comme un moscovite.

Ils étaient l'un et l'autre assis devant une table garnie de trois couverts.

Les crevettes rouges et le buisson d'écrevisses étaient intacts, le vieux médoc n'avait point été débouché, le champagne attendait dans un seau d'eau frappée.

Maxime et Raymond ne voulaient point, sans doute, toucher à leur fourchette avant l'arrivée du troisième convive.

Raymond se levait de temps à autre, allait ouvrir la fenêtre et se penchait au dehors, sans nul souci de la pluie fine et pénétrante qui mouillait l'asphalte des trottoirs.

— Rien! rien! murmura-t-il, hormis mon cocher qui dort sur son siége et le tien qui lit un journal du soir à la lueur d'un reverbère. Antonia ne viendra pas!...

Puis il revenait s'asseoir en face de Maxime et rallumait son cigare à l'une des bougies placées sur la table.

— Ah ça! mon cher, dit Maxime, comme Raymond répétait pour la troisième fois :

« Antonia ne viendra pas ! » es-tu fou ce soir ?

— Moi, fou ?

— Sans doute.

— Pourquoi cette question ?

— Tu es jeune et beau, tu as cinquante mille livres de rente, tu passes pour un des hommes à la mode, et tu veux qu'Antonia ne vienne pas !

— Peut-être ne m'aime-t-elle plus ?

— O cœur naïf ! murmura Maxime.

L'homme qui a cinquante mille livres de rente est toujours aimé.

— Tu crois?

Et Raymond eut un sourire triste.

— Mais, reprit Maxime, quelle singulière idée as-tu donc eue de nous inviter ce soir, moi ton vieil ami, *elle* la femme que tu aimes, à venir souper ici, en partie fine, comme des étudiants qui ont reçu leur pension mensuelle et veulent éblouir des grisettes?

Raymond continua à sourire et se tut.

Maxime poursuivit :

— N'as-tu pas, tout en haut du faubourg Saint-Honoré, un petit hôtel charmant ? Et ta salle à manger tendue de cuir, meublée en vieux chêne, jonchée d'un tapis d'Orient, ne nous a-t-elle point réunis assez souvent pour que l'idée de nous conduire au cabaret n'ait pu te venir ?

Car, sais-tu, mon bon ami ! je n'attaque ni la cuisine du lieu où nous sommes, — elle est bonne ! — ni le velours de ses ses divans, ni l'éclat de ses bougies ;

mais quand on est, comme nous, du jokey, lorsqu'on a chevaux de sang et maîtresses de choix, on n'imite point les clercs d'avoués qui s'en vont, avec des drôlesses, souper, la nuit, sur le boulevard !...

— Halte ! dit Raymond ; j'accepte tes reproches ; mais, que veux-tu ? j'ai vendu mon hôtel ce matin.

— Tu rêves !...

— Non, j'ai fait une excellente affaire. Tu sais que la fureur est aux spéculations sur les terrains.

— C'est vrai. Alors, pourquoi ne point souper chez Antonia ? Elle a un joli chalet au *bois*.

— C'est vrai ; mais...

Le roulement d'une voiture qui se fit entendre interrompit Raymond. Il se leva précipitamment et, pour la quatrième fois, il courut à la fenêtre.

Un coupé bas venait de s'arrêter à l'entrée de la rue Laffite, en face de la petite porte du restaurant, et une femme s'était élancée d'un bond sur le seuil.

— C'est elle, dit Raymond.

Et son visage s'illumina.

Une minute après, en effet, la porte du cabinet s'ouvrit et une femme apparut aux yeux des deux jeunes gens.

Elle pouvait avoir vingt-trois ans, elle était belle comme une héroïne de roman, elle avait la grâce d'une châtelaine de Walter-Scott!

Brune comme une fille d'Andalousie, blanche comme une Anglaise, svelte et souple comme une Indienne, Antonia était une de ces femmes dont le regard exerce un charme fatal, dont l'amour bouleverse toute la vie d'un homme, comme un orage remue et fourrage un champ de blé, à la veille de la moisson.

— Ah! chère Antonia! murmura Raymond en lui prenant les mains, je craignais que vous ne vinssiez pas !

Elle le regarda avec un sourire à demi railleur :

— Mais, sultan de mon cœur, lui dit-elle, savez-vous bien que je ne vous ai jamais fait attendre ?

— C'est vrai, mais...

— Il pleuvait, n'est-ce pas ?

— Justement. Et puis... et puis...

— Tu es un niais !... lui dit-elle.

Et elle lui jeta autour du cou ses deux bras blancs comme l'albâtre, et elle effleura son front de ses lèvres plus rouges que les cerises de juin.

— Allons ! dit-elle, à table ! Bonjour, Maxime ; mettez-vous auprès de moi ; là, à ma droite... J'ai faim... — Et elle s'assit.

Raymond souriait toujours, mais il était triste, un nuage planait sur son front.

— Oh! ce Raymond! s'écria Antonia en attaquant avec ses doigts roses le buis-d'écrevisses, il sera toute sa vie le plus original des hommes.

— Vous trouvez? fit Maxime.

— Ma foi! ce souper en est une preuve.

— C'était ce que je lui disais tout à l'heure.

— Ah! ah!

— Chut! mes amis, dit Raymond; ce souper a un but mystérieux.

— Allons donc!

— Un but philosophique, même.

— Tais-toi donc, Raymond! s'écria Antonia; le mot de *philosophie* me fait froid dans le dos.

— Pourquoi donc, chère?

— Parce que j'avais une amie jadis qui était dans une misère complète, une misère de roi détrôné ou de poëte, et qui disait à chaque instant : *Bah! je suis philosophe!*.....

— Eh bien ! je ne me servirai plus du mot. Seulement...

— Seulement, dit Maxime, tu vas nous expliquer pourquoi nous soupons ici.

— Parce que j'ai une confidence à vous faire, à toi mon ami, à elle la femme que j'aime.

— Bon ! fit Antonia qui montra ses dents blanches en un sourire ; voilà que Raymond va tomber dans le sentiment.

Et elle se versa un verre de champagne.

— Peut-être ; mais, dans tous les cas,

avant ma confidence, dit Raymond, je vous ferai une question à chacun.

— Voyons! fit Maxime.

— Soit! je vais commencer par toi. Qu'est-ce que l'amitié, cher?

— C'est être deux, n'avoir qu'une bourse, qu'une épée et qu'une plume, et aimer deux femmes, c'est-à-dire ne jamais chasser l'un chez l'autre.

— Ta définition me plaît, Maxime. A toi Antonia...

— Que veux-tu savoir?

— Qu'est-ce que l'amour ?

— C'est avoir deux bouches qui s'unissent en un baiser, deux cœurs qui n'ont qu'un seul battement, deux haleines qui se confondent, deux âmes que le bonheur abrutit et qui ne sont plus qu'un instinct.

Raymond eut un cri de joie et tendit ses deux mains, l'une à Maxime, l'autre à Antonia.

— Pardonnez-moi d'avoir douté de vous ? dit-il.

— Tu as douté...

— Oui, de toi, mon cher Maxime, qui, après avoir été mon *coppin* de collége, es devenu mon ami dans le monde; de toi, ma bonne Antonia, aux genoux de qui j'ai vécu si heureux pendant trois années.

— Je t'aime, murmura-t-elle.

— Je suis ton frère, ajouta Maxime.

— Alors, amis, dit Raymond, écoutez ma confidence.

— Voyons! firent-ils étonnés.

Raymond redevint tout à coup mélancolique.

— Savez-vous bien, dit-il, que je ne sais ni mon nom ni mon origine.

— Bah !

— Je me nomme Raymond, Raymond tout court.

— Qu'importe ! fit Antonia, je n'ai pas de préjugés aristocratiques.

— Soit, reprit Raymond. Je suis né je ne sais où, mes souvenirs d'enfance se perdent dans un vieux château où m'élevaient nne femme encore jeune et toujours belle que j'appelais ma mère et dont je n'ai jamais su le nom. Un jour je fus séparé d'elle brusquement et placé dans cette pension de la rue de Clichy où tu m'as connu, Maxime.

— Et tu n'as pas revu ta mère?

— Jamais!

— Cependant...

— Une main mystérieuse faisait payer ma pension et mes maîtres d'agrément. J'ai été élevé comme un fils de roi. Escrime, équitation, peinture, musique, j'ai tout appris.

A vingt ans, j'étais reçu avocat. Ce fut alors que le directeur de ce pensionnat dans lequel j'avais passé mes jeunes années, et qui avait toujours été l'intermédiaire entre mes protecteurs inconnus et moi, me dit :

— Raymond, mon ami, vous êtes homme, et l'avenir est à vous. Peut-être ignorerez-vous toujours votre origine; mais la fortune console de bien des maux quand elle vient à l'appui d'une bonne éducation et d'un noble cœur. Vous avez tout cela, mon enfant, vous êtes instruit, vous avez l'âme bien placée et vous allez entrer dans la vie avec cinquante mille livres de rente. Tous les six mois, vous recevrez une lettre chargée qui contiendra vingt-cinq mille francs. Allez, et soyez homme !

Je voulus en vain le questionner.

— Mon ami, me dit-il, je suis le dépositaire d'un secret qui mourra avec moi...

Raymond soupira :

— Cet homme est mort, ajouta-t-il, et je ne saurai jamais...

Maxime et Antonia se regardèrent silencieusement.

— Te souviens-tu, Antonia, poursuivit Raymond, de Trim, mon cheval alezan brûlé ?

— Oh ! certes ! dit la jeune femme, M. de B... te l'a payé quinze mille francs, et j'ai trouvé même que tu avais eu tort de le vendre, bien qu'il toussât légèrement.

— Il ne toussait pas, ma chère.

— Alors, pourquoi l'as-tu vendu ?

— Parce que j'avais besoin de quinze mille francs.

— Ne m'avais-tu pas demandé ce joli chalet que tu as à Saint-James ? Il me fallait cette somme pour en parfaire le prix.

— Mais, mon ami...

— Ce matin, continua Raymond, j'ai vendu mon hôtel.

— Impossible !

— J'avais quelques dettes, il faut les payer.

— Mais...

— Voici tout à l'heure deux ans, acheva le jeune homme, que la source mystérieuse de ma fortune s'est tarie. Mon protecteur inconnu est mort sans doute, et il n'aura pas eu le temps de songer à moi.

Tandis que Raymond parlait ainsi, il regardait Antonia.

Antonia baissait les yeux sur son assiette et roulait une boulette de mie de pain dans ses doigts.

— En sorte, dit Maxime, que tu es ruiné?

— Il me reste environ mille écus, de quoi vivre un an.

— Et... après?

— Oh! dit Raymond, je suis jeune, instruit, je parle plusieurs langues, j'ai du courage et je saurai bien gagner ma vie.

Antonia se taisait toujours.

— Ma foi! dit Maxime d'un ton un peu sec, à ta place, j'irais chercher fortune en Amérique.

Raymond tressaillit, il eut froid au cœur.

— Car, mon bon ami, poursuivit le créole, là-bas, vois-tu, on peut faire tous les métiers sans déroger. On était riche, on ne l'est plus, vite on travaille pour redevenir riche, et quand on l'est redevenu, on retrouve son monde d'autrefois, ses amis, ses relations...

— C'est-à-dire, murmura Raymond avec amertume, que, pendant cette pauvreté momentanée, on les a perdus.

— Non, pas précisément ; seulement, tu comprends bien, cher ami, que les relations deviennent plus difficiles. Ainsi, supposes que tu restes à Paris : te voilà logé au sixième, allant à pied, te crottant ; tu ne peux plus te montrer au bois, aller au club, vivre dans notre monde. Nous resterons amis, mais nous ne pourrons plus nous voir et nous rencontrer comme par le passé.

Maxime disait tout cela froidement, avec

une parfaite indifférence, comme s'il eût parlé d'un étranger.

Raymond soupira et se retourna vers Antonia :

— Maxime a raison, dit-il, c'est en Amérique que les fortunes se font vite. Viendras-tu avec moi, chère âme, toi qui savais si bien définir l'amour tout à l'heure? Va, si je te sens auprès de moi, mon courage doublera, mon intelligence deviendra supérieure, et je me hâterai de faire fortune pour te rendre ton opulence passée.

Et Raymond tendait les mains vers la jeune femme, il l'enveloppait d'un regard humide, et semblait attendre qu'elle se jetât dans ses bras et lui dît : *Partons !*

Mais Antonia se taisait toujours.

— Tu ne m'aimes donc plus ? demanda Raymond d'une voix tremblante.

Alors elle leva les yeux sur lui :

— Tu sais bien le contraire, dit-elle. Mais tu es fou, mon pauvre ami, de vouloir t'expatrier d'abord, et tu es bien plus fou encore de songer à m'emmener.

— Pourquoi ?

— Hé ! le sais-je ? dit-elle en haussant les épaules. Que veux-tu que j'aille faire en Amérique, à mon âge ? J'ai vingt-trois ans, je suis une vieille femme, cher. J'ai des habitudes prises, des habitudes de paresse et de luxe qui s'accomoderaient mal de la vie errante que tu me proposes. Je n'aime pas aller à pied, j'ai horreur du travail, j'adore le baccarat, je suis à la mode. Veux-tu donc que je renonce à tout cela ?

Et Antonia s'exprimait avec une nonchalante froideur, en traçant de la pointe de son couteau des arabesques sur la table.

Raymond étouffa un cri, regarda tour à tour cet homme qui s'était dit son ami, cette femme qui avait protesté de son amour, et il mit ses deux mains sur son front et s'affaisa sur lui-même en murmurant :

— Oh! tout ce que j'aimais!...

CHAPITRE DEUXIÈME

CHAPITRE DEUXIÈME

II

Raymond s'était évanoui. Mais son évanouissement fut court.

Lorsqu'il rouvrit les yeux, sous l'impression d'une sensation glacée, il vit devant lui un inconnu qui, après lui avoir fait respirer des sels, lui jetait de l'eau frappée au visage.

C'était un homme d'environ trente-six ans, de tournure distinguée, de mise irréprochable, et dont la boutonnière était ornée d'une décoration allemande.

— Monsieur, dit-il à Raymond, pardonnez-moi. J'étais dans le cabinet voisin, j'ai entendu la chute d'un corps et je suis accouru.

Raymond regarda autour de lui et se souvint :

— Où donc est Antonia ? murmura-t-il.

L'inconnu eut un sourire méphistophélique.

— Elle est partie au bras de Maxime, répondit-il.

Et comme Raymond pâlissait :

— Tenez, monsieur, reprit-il, permettez-moi de souper avec vous ; je suis homme de bon conseil, au besoin. Nous allons causer et, sans doute, j'aurai le pouvoir de vous consoler de la perte de votre ami et de l'abandon de votre maîtresse.

Maxime regarda l'inconnu avec une sorte de stupeur.

— Vous avez donc entendu ? balbutia-t-il.

— Tout.

— Vous savez...

— Les cloisons sont minces, on est indiscret sans le vouloir. Mais rassurez-vous, monsieur, si j'ai tout entendu, je n'ai rien appris.

Ces mots étonnèrent Raymond, mais

l'inconnu les lui expliqua sur-le-champ :

— Je savais votre histoire, dit-il, je la savais même beaucoup mieux que vous.

Raymond s'était levé, il avait fait un pas en arrière et regardait l'inconnu avec étonnement.

Celui-ci ajouta :

— Je sais ce que vous ne savez pas, — votre nom.

— Vous savez... mon nom ? s'écria le jeune homme qui oublia, en ce moment, l'abandon de son ami et de sa maîtresse.

— C'est-à-dire, reprit l'inconnu, que ce protecteur mystérieux qui a veillé sur vous...

— Eh bien ?

— Je l'ai connu. C'était votre père.

— Ah! monsieur, monsieur, murmura Raymond étranglé par l'émotion, vous allez me dire son nom, n'est-ce pas ? vous allez me dire s'il vit encore...

L'inconnu secoua la tête :

— Il est mort, dit-il.

— Mort! fit Raymond en couvrant de

nouveau son front de ses deux mains.

— Mort en laissant une fortune de trois cent mille livres de rente, acheva l'inconnu ; et cette fortune, je puis vous la donner, moi...

Raymond laissa retomber ses mains et attacha sur cet homme un œil fiévreux :

— Qui donc êtes-vous ? lui dit-il.

L'inconnu s'était assis en face de Raymond, qui le considérait avec un étonnement mêlé de stupeur.

Nous l'avons dit, il était de haute taille ;

sa mise et ses manières annonçaient un homme distingué.

Mais il y avait dans toute sa personne quelque chose d'étrange, de railleur, et pour ainsi dire d'infernal.

Un moment de silence suivit ses dernières paroles.

— Qui donc êtes vous ? lui dit enfin Raymond, vous qui savez le nom de mon père et qui me proposez de me rendre sa fortune...

— Oh ! dit l'inconnu, mon nom ne vous

apprendra pas grand'chose, monsieur; je me nomme le major Samuel, j'ai été longtemps au service de la Prusse; depuis dix années j'habite la France.

— Mais enfin, monsieur, dit Raymond, comment savez-vous ?...

— Ah! permettez, dit le major, laissez-moi vous dire d'abord ce que je sais, vous proposer ensuite un petit marché, et puis quand vous l'aurez accepté...

— J'écoute, dit Raymond.

Notre héros était ruiné; de plus, son seul

ami et sa maîtresse venaient de l'abandonner... C'en était assez pour qu'il prêtât l'oreille à cet inconnu qui lui proposait une fortune, c'est-à-dire le moyen de reconquérir sa maîtresse et de retrouver son ami.

Le major se versa un verre de vieux médoc, et, avant de le boire, il le fit briller entre son œil et la flamme d'une bougie.

— Monsieur, dit-il alors, votre père était duc et pair.

Raymond tressaillit.

— Vous êtes son fils *presque* légitime.

— Pourquoi *presque ?*

— Parce que le duc, votre père, allait épouser votre mère lorsqu'une catastrophe les sépara.

— Expliquez-vous, monsieur....

— Oh ! pas avant que vous n'ayez appris ce que j'attends de vous.

— Eh bien ! parlez...

— Le duc votre père a laissé trois cent mille livres de rente.

— Vous me l'avez dit.

— Avez-vous jamais rêvé ce chiffre de fortune ?

— Jamais !

— C'est-à-dire que vous vous contenteriez de la moitié, n'est-ce pas ?

— Ah ! certes...

— Allons ! dit l'inconnu, je le vois, nous sommes tout près de nous entendre.

— Que voulez-vous de moi ?

Le major déboutonna son habit bleu, tira un portefeuille de sa poche, et de ce portefeuille un carré de papier timbré rempli, qu'il mit sous les yeux de Raymond.

Celui-ci lut :

« A présentation, je paierai à l'ordre du
» major Samuel, la somme de deux mil-
» lions cinq cent mille francs.

» RAYMOND DE...

» duc de... »

— Vous le voyez, dit l'inconnu, le nom de famille est en blanc ; je l'ajouterai sur ce papier le jour où il vous aura été révélé, c'est-à-dire lorsque vous aurez été mis en possession de l'héritage de votre père.

Vous n'avez qu'à signer de votre prénom de Raymond.

— Et si je signe ?...

— Je vous demanderai un délai de six semaines, et je mettrai ce soir même cinquante mille francs à votre disposition.

Le major rouvrit négligemment son portefeuille et montra à Raymond qu'il était gonflé de billets de banque.

Cependant le jeune homme ne sourcilla point.

— Pardon, monsieur, dit-il, permettez-moi une question.

— Faites, monsieur.

— Mon père n'a point épousé ma mère.

— Non.

— S'est-il marié ?

— Oui.

— A-t-il eu des enfants ?

— Non.

Raymond respira.

— Alors je suis son seul héritier !...

— C'est-à-dire, répondit le major, qu'il

a laissé sa fortune à sa nièce, car j'oubliais un détail : le duc, votre père, est mort d'un coup de sang, et il n'a pas eu le temps de faire un testament.

— Bien, dit froidement Raymond. Mais pensez-vous que, s'il eût fait ce testament, il l'eût fait entièrement en ma faveur ?

— Non ; seulement...

— Alors, interrompit Raymond, vous n'avez aucun moyen, ce me semble, de me faire avoir une fortune qui ne m'était point destinée.

— Pardon, j'en ai un.

— Lequel ?

— Je *supprimerai* la nièce du duc votre père, et je mettrai au jour des documents qui établiront votre naissance.

Le major s'était expliqué froidement, en homme qui ne doute pas un seul instant que ses propositions ne soient acceptées.

Mais Raymond, qui l'avait écouté jusqu'au bout, se leva, et, le regardant en face :

— Encore une question, monsieur, dit-il.

— J'écoute, monsieur.

— Mon père était-il réellement gentilhomme, c'est-à-dire aussi noble de cœur que de nom ?

— Je le crois, dit le major.

— Et moi j'en suis sûr, s'écria Raymond dont la voix éclata comme un tonnerre, car bon sang ne saurait mentir !

Le major tressaillit.

— Que voulez-vous dire ? fit-il.

— Je veux dire que l'âme loyale de ce père, dont j'ignore le nom, a dû passer dans mon âme, monsieur ; car je m'étonne que vous ayez eu l'audace de me proposer un crime ! Vous êtes un misérable !

— Monsieur !...

Raymond étendit la main vers la porte.

— Sortez ! dit-il.

Le major fit un pas en arrière ; ses lèvres blanchirent, son œil eut un éclair de colère, sa main chercha à son côté une épée absente.

Mais ce fut l'histoire d'une seconde ; son rire méphistophélique se fit entendre de nouveau :

— Bah ! dit-il, les querelles gâtent les affaires ; je vous donne rendez-vous ici dans huit jours, monsieur. Vous aurez réfléchi d'ici là...

Et il sortit.

. . . .

CHAPITRE TROISIÈME

III

L'inconnu, qui prenait le nom de major Samuel, descendit, s'arrêta une minute sur le seuil de la porte extérieure de la *Maison dorée*, et parut hésiter.

Mais son parti fut bientôt pris, et, malgré la pluie qui redoublait, il s'élança au dehors et descendit la rue Laffite d'un pas rapide.

Lorsqu'il fut arrivé à l'angle de la rue de Provence, il croisa une voiture qui passait à vide.

— Holà ! cocher, cria-t-il.

La voiture s'arrêta, et le major dit au cocher en y montant :

— Marche rondement ; je paie bien.

— Où faut-il vous conduire, bourgeois ?

— Rue de la Pépinière.

— Quel numéro ?

— Tu m'arrêteras devant le passage du Soleil.

Le cocher fouetta son cheval qui partit au grand trot.

—M. Raymond, murmura le major durant le trajet, vous êtes un niais ! Vous laissez échapper votre fortune; tant pis pour vous ! Je ne la laisserai point échapper, moi.

Et le major eut un sourire sinistre.

Le fiacre atteignit, en dix minutes, le passage du Soleil.

Le major descendit, donna cent sous au cocher et le renvoya.

Le cocher tourna bride et s'en alla, se disant :

— C'est quelque amoureux qui vient *flâner* sous les fenêtres d'une dame.

Le major fit quelques pas du côté de la caserne ; puis, lorsque le fiacre eut disparu, il rebroussa chemin et revint jusqu'à la jonction de la rue du Rocher et de celle de la Pépinière, faisant à mi-voix cette réflexion :

— Décidément, tous ces gens-là me seraient inutiles. Je n'ai besoin que du petit baron, et je vais dissoudre *l'association*.

Cette résolution prise, le major gravit la rue du Rocher, dépassa la place de Laborde, et s'arrêta devant une maison élevée de deux étages seulement, qui n'avait sur la rue qu'une porte bâtarde.

Au lieu de frapper, le major tira une

clef de sa poche et l'introduisit dans la serrure.

La porte s'ouvrit, tourna sans bruit et se referma sur le major, qui se trouva dans une obscurité complète, à l'entrée d'un corridor étroit et humide. Mais sans doute ce chemin lui était dès longtemps familier, car il s'avança d'un pas assuré et atteignit la rampe de l'escalier.

Cet escalier, qui montait aux étages supérieurs, descendait en même temps au-dessous du rez-de-chaussée.

Ce fut sous ce dernier chemin que le major, qui marchait à tâtons, s'engagea.

Il descendit une trentaine de marches environ, puis il se trouva devant une nouvelle porte qu'il ouvrit comme la première.

Cette porte ouverte, le mystérieux personnage se trouva sur le seuil d'un réduit assez bizarre.

C'était une sorte de cave, mal éclairée par la lueur d'une lampe à abat-jour. Au milieu se trouvait une table sur laquelle étaient étalés différents papiers.

Autour de cette table étaient rangées six personnes qui paraissaient attendre l'arrivée du major.

Ces hommes semblaient, par leur mise, appartenir à la classe élevée de la société, et leur réunion dans cette cave eût paru bizarre, si la scène qui suivit ne l'eût expliquée.

— Voilà le président ! dirent-ils tous à la fois.

Et ils se levèrent et se découvrirent avec un certain respect.

Le major rendit les saluts.

— Pardon, messieurs, dit-il, mille pardons de vous avoir fait attendre. Nous devrions être en séance depuis minuit, et voilà qu'il est trois heures du matin.

— Heureusement, dit un jeune homme qui s'était placé à la droite du major, que les nuits sont longues en décembre.

— C'est vrai. Mais cela nous est bien égal cette fois, répondit le major, et la séance sera bientôt levée.

Ces mots excitèrent une surprise générale.

Alors le major se plaça devant la table, ce qui était un indice de sa présidence, et il se couvrit.

— La séance est ouverte, dit-il.

Les six personnes s'assirent, et l'une d'elles, le jeune homme qui avait émis cette observation que les nuits étaient longues en décembre, étala devant le président les papiers qui couvraient la table.

Le président les repoussa du doigt :

— Toutes ces paperasses sont inutiles, dit-il.

— Inutiles ! fit-on avec un redoublement de curiosité et d'étonnement.

Le président agita la sonnette, emblème de son pouvoir.

— Ecoutez, messieurs, dit-il. Notre association, que nous avions appelée l'*Assurance des héritages*, a fonctionné pendant deux années. Nous sommes tous gens du meilleur monde, et le sort, qui nous a ruinés individuellement, est le seul coupable.

Pendant deux années nous avons fonctionné régulièrement ; nous avons eu de bonnes et de mauvaises fortunes, nous avons traversé des heures critiques et couru de grands risques. Moi, personnellement, j'ai joué ma tête ; vous, comte, vous avez frisé le bagne ; tous, nous avons fourni un stéeple-chase sur la grande piste de la police correctionnelle.

Nous sommes-nous enrichis ?

Non.

Eh bien ! messieurs, aujourd'hui, la

situation est devenue plus terrible que jamais. Quelqu'un de nous aura commis une imprudence ou une simple indiscrétion... la police est à nos trousses !...

Il y eut comme un frisson d'épouvante parmi les six personnages.

Le président poursuivit :

— Car il faut bien vous l'avouer, messieurs : nous avons eu quelques affaires déplorables, surtout la dernière qui a fait quelque bruit.

— C'est vrai, murmurèrent quelques voix.

— A l'heure où je vous parle, tenez, je ne suis point persuadé que dans la rue un agent quelconque ne nous épie.

Il se fit un mouvement dans l'assemblée.

— Je crois donc prudent, messieurs, de vous engager à vous séparer.

— Mais, dit une voix, l'association est donc dissoute ?

— Provisoirement.

— Ah !

— Dans deux mois, peut-être avant, j'aurai trouvé le moyen de nous reconstituer. Messieurs, la séance est levée !

Le mot de police avait jeté parmi les mystérieux associés du major Samuel une telle perturbation, qu'aucun d'eux ne réclama contre la dissolution de la société.

Chacun tournait des regards inquiets vers la porte et eût voulu être bien loin.

— Allons, messieurs ! reprit le major, du sang-froid, s'il vous plaît. Nous allons sortir d'ici les uns après les autres.

Et comme deux des associés faisaient vers la porte deux pas égaux, il ajouta :

— Procédons par ordre et sagement. Nous sommes sept ici : le plus jeune sortira le premier, et moi, en ma qualité de président, je fermerai la marche. Je suis comme le capitaine d'un vaisseau naufragé, je quitte mon bord le dernier. A vous, baron.

Et le président regardait le jeune homme qui s'était placé à sa gauche lorsqu'il avait occupé le fauteuil.

— Baron, lui dit-il, vous allez sortir le

premier, et vous rentrerez chez vous par la place de La Borde. Dans cinq minutes, monsieur vous suivra et regagnera pareillement son domicile; puis les autres, un à un, car un homme isolé qui sort d'une maison n'éveille l'attention de personne.

Tout en parlant, le major avait une plume à la main, et il s'amusait à tracer des hiéroglyphes sur la table.

Celui des associés qu'il avait appelé le petit baron, suivait la plume de l'œil, et chacun de ses traits avait un sens pour lui, dont la réunion signifiait :

« Je serai chez toi dans une heure. »

Le jeune homme sortit en saluant.

Cinq minutes après, un autre le suivit ; puis, de cinq minutes en cinq minutes, chacun des associés s'en alla.

Demeuré le dernier, le major Samuel se mit à rire :

— Les imbéciles ! dit-il. . . . . . .

CHAPITRE QUATRIÈME

IV

Quelques instants après, le jeune homme à qui le major Samuel avait donné le titre de baron suivait la rue Taitbout dans son prolongement entre la rue de Provence et la rue Saint-Lazare. Quand il fut arrivé devant le n° 71, il s'arrêta et sonna.

La porte s'ouvrit, le jeune homme entra dans un vestibule spacieux, encore éclairé, jeta son nom au concierge, qui avait tiré son carreau, et monta lestement au premier étage, où il trouva une porte à deux battants dans la serrure de laquelle il introduisit une clef.

Le petit baron, comme disait le major, était chez lui.

Un valet de chambre qui dormait tout

vêtu sur une banquette s'éveilla au bruit des pas de son maître.

— Je gage, François, dit celui-ci, que tu as laissé éteindre mon feu.

— Monsieur le baron peut se tranquilliser, répondit le valet de chambre. Il y a du feu dans le fumoir et dans la chambre à coucher.

— C'est bien, dit le jeune homme.

Et il traversa successivement une jolie salle à manger, un salon meublé avec goût, une chambre à coucher de petite maîtresse et pénétra dans le fumoir.

Le fumoir était en même temps un cabinet de travail.

Il était meublé en vieux chêne, les murs étaient tendus de cuir repoussé, le sol était jonché d'un tapis mauresque.

Le petit baron, comme l'avait appelé le major Samuel, s'assit au coin du feu et attendit, un cigare aux lèvres.

Une demi-heure s'écoula, puis la sonnette de l'appartement rendit un tintement discret.

— François, dit le petit baron, tu vas introduire le major et tu iras te coucher ensuite. Je n'ai plus besoin de toi.

C'était, en effet, le major Samuel.

Il entra, tendit au jeune homme le bout des doigts, se débarrassa de son paletot, et se laissa tomber négligemment dans un fau_teuil que lui avançait son hôte.

— Bonsoir, cher, lui dit-il.

— Bonsoir, mon ex-président, répondit le petit baron.

— Mais ! dit le major, est-ce que tu as pu croire un seul instant que l'association était dissoute ?

— Dame !

— Tu es fou ! L'association existe.

— Ah !

— Seulement...

— Oh ! fit le petit baron, je savais bien qu'il y avait une restriction.

— La voici : l'association existe toujours,

seulement elle n'a plus que deux membres,
toi et moi.

— C'est différent.

— Tu es le bras qui agite, je suis la tête
qui conseille.

— Bon ! mais où est la besogne ?

Le major regarda fixement son hôte :

— Tu as vingt-neuf ans, dit-il, tu es bien
tourné, assez joli garçon, et on peut faire
quelque chose de toi.

— Vous croyez ?

— Le titre de baron est devenu vulgaire, mon bon ami.

— Merci !

— Il y a des barons par centaines.

— Est-ce que vous me voulez faire marquis ?

— Non, duc.

Le petit baron se leva vivement.

— Vous rêvez ! dit-il.

— Il y a mieux, poursuivit flegmatiquement le major, je veux te faire épouser une jolie fille.

— Ah !

— Laquelle t'apportera cent mille livres de rentes.

Et le major murmura à part lui :

— Il m'en faut deux cents pour moi ; je veux la part du lion !

Le petit baron regarda fixement le major Samuel :

— Pardon, dit-il, mais je ne comprends tout à fait les choses, que lorsqu'elles me sont expliqués.

Le major sourit :

— Tu t'appelles, dit-il, le baron de Vaufreland.

— Oui.

— Du moins, c'est le nom que tu t'es donné...

Le baron fit la grimace.

— Par conséquent, poursuivit le major avec un flegme imperturbable, peu t'importe d'en changer?

— C'est selon les avantages que m'offrira cette substitution.

— D'abord une jolie fille.

— Comment est-elle ?

— Blonde.

— Les yeux bleus ou noirs ?

— Bleus.

— Grande ?

— Non.

— Ah ! tant mieux !

— Pourquoi ?

— Mais, parce qu'une femme grande n'est pas une femme.

— Bah ! qu'est-ce donc ?

— Un camarade, répondit le baron.

Le major se mit à rire.

— Après ! fit son hôte.

— Le second avantage est une belle fortune.

— Ceci est plus sérieux, passons...

— Enfin, tu seras duc.

— Authentique ?

— Mais... sans doute...

— Et je m'appellerai ?

— Le duc Raymond de...

— Voyons ! achevez...

— Oh ! dit froidement le major, c'est

inutile pour le moment; tu t'appelleras Raymond, voilà tout !

— Voilà, dit le petit baron, un singulier nom pour un duc.

Le major haussa les épaules.

— Ecoute donc, fit-il, et souviens-toi bien de mes paroles.

— Voyons ?

— A partir d'aujourd'hui, tu t'appelles donc Raymond.

— Soit.

— Tes souvenirs d'enfance les plus

lointains te reportent dans un vieux château de Bretagne, où tu vivais avec une femme encore jeune et belle, ta mère.

— Est-elle morte ?

— Non. Tu verras plus tard. A dix ans on t'a séparé d'elle et on t'a placé dans un pensionnat.

— Très-bien.

— Tu es devenu homme et on t'a fait tenir mystérieusement tous les ans une pension de cinquante mille francs.

— Et puis ?

— Et puis, c'est tout.

— Comment donc?

— C'est tout ce que tu dois savoir pour le moment.

— Mon cher major, dit alors le baron de Vaufreland, il faudrait vous expliquer plus clairement.

— C'est inutile.

— Pourquoi?

Le major prit une attitude hautaine :

— Ah çà! mon cher, dit-il, si ce que je vous propose ne vous convient pas, vous ferez bien de le dire tout de suite. Je vous répète qu'il est inutile que vous sachiez autre chose pour le moment. Est-ce clair ?

Le petit baron courba la tête et balbutia :

— Je ferai ce que vous voudrai, monsieur.

— A la bonne heure ! dit le major.

Puis, regardant fixement le jeune homme :

— Mon *cher Raymond*, dit-il, j'aurai l'honneur de vous présenter à *votre mère*.

— Quand ?

— Ce soir peut-être. Je dis ce soir, car voilà le jour, ce me semble.

Et le major indiquait du doigt les persiennes, au travers desquelles glissait le premier rayon de l'aube.

— Mais, mon cher major, dit le baron, un mot encore.

— Parlez...

— *Ma mère* me reconnaîtra-t-elle ?

Le major sourit.

— D'abord, dit-il, vous n'aviez que dix ans quand vous l'avez quittée. La voix d'un enfant et la voix d'un homme ne se ressemblent plus.

— Oui, mais les traits de l'homme gardent souvent une grande ressemblance avec ceux de l'enfant.

— Votre mère est aveugle, dit froidement le major.

— Ah! c'est différent.

Et le baron alluma un nouveau cigare.

Le major prit son chapeau et sa canne.

— Je vous engage à vous coucher, mon cher enfant, dit-il, et à dormir de votre mieux jusqu'à midi, tandis que je m'occuperai de justifier pour vous le proverbe :

Le bien vient à ceux qui dorment.

— Quand vous reverrai-je ?

— Je déjeunerai chez Verdier entre midi et une heure. Venez m'y rejoindre.

— J'y serai. Au revoir, major.

Le major Samuel s'en alla, et lorsqu'il fut dans l'escalier, il se fit cette réflexion à mi-voix :

— Le vrai Raymond est un niais, un vrai niais, car le petit baron a le même son de voix que lui, et il est assez joli garçon pour tourner la tête à sa prétendue cousine.

Quand il fut dans la rue, le major consulta sa montre.

— Il est cinq heures et demie, se dit-il, trop tard pour que je me couche, trop tôt pour que j'aille voir Jeanne l'aveugle. Je vais prendre un bain russe, et puis j'irai faire ma toilette.

Et le mystérieux personnage gagna à pied le boulevard et la rue Vivienne, ajoutant à mi-voix :

— Cette pauvre Jeanne sera bien surprise et bien émue quand je lui raconterai l'histoire des *masques noirs.*

CHAPITRE CINQUIÈME.

V

Trois heures après environ, c'est-à-dire un peu avant neuf heures, une voiture descendait au grand trot de son cheval de louage l'avenue de Neuilly et s'arrêtait, un peu avant le pont, à la grille d'une petite maison bâtie entre cour et jardin.

Au bruit de la sonnette que le cocher fit vibrer avec le manche de son fouet, une fenêtre du rez-de-chaussée s'ouvrit et encadra le visage rougeaud d'une servante encapuchonnée dans une coiffe bretonne.

Cette femme, qui pouvait bien avoir quarante ans, se prit à considérer avec un étonnement profond et la voiture et le personnage qui en descendait.

Ce personnage, on l'a deviné peut-être, n'était autre que le major Samuel.

Le major renvoya sa voiture et pénétra dans la cour de la maison, dont la servante vint ouvrir la grille, en disant :

— Que désire Monsieur ?

— C'est bien ici que demeure une dame aveugle, madame Blanchet.

— Oui, Monsieur.

— C'est à elle que je désire parler.

— Mais, Monsieur, dit la servante qui

semblait hésiter, Madame ne reçoit jamais de visites.

— Elle recevra la mienne quand elle saura pourquoi je viens.

— Monsieur veut-il me dire son nom?

— C'est inutile. Dites simplement à votre maîtresse que c'est un monsieur *qui était au bal masqué de l'hôtel de ville de Bordeaux*.

Ces paroles n'avaient pour la servante aucune signification. Aussi regarda-t-elle le visiteur avec une curiosité croissante.

Mais il eut un geste tellement impérieux qu'elle n'osa lui désobéir, et elle l'introduisit dans un petit vestibule en lui disant :

— Veuillez m'attendre un moment.

Elle poussa une porte au fond du vestibule et disparut.

Quelques minutes s'écoulèrent, puis la servante revint.

— Monsieur, dit-elle avec une certaine émotion, qui sans doute était le reflet de celle que venait d'éprouver sa maîtresse, madame est souffrante, et elle vous demande la permission de vous recevoir sans cérémonie.

La maison était d'une simplicité extrême. On y respirait une aisance médiocre, et, bien certainement, celle qui l'habitait était loin d'être riche.

Le major fut introduit dans un petit salon au rez-de-chaussée, dont l'ameublement n'offrait rien de remarquable, à l'exception, toutefois, d'un grand portrait d'homme placé au-dessus du canapé et dont la peinture vigoureuse attirait tout d'abord l'attention.

C'était une œuvre de maître, à coup sûr, représentant un homme encore jeune, revêtu d'un brillant uniforme de hussards.

Si le portrait était ressemblant, l'homme dont il rappelait les traits avait dû être bien certainement un des plus nobles et des plus beaux types rêvé par l'art.

Nez fièrement busqué, lèvres autrichiennes, teint blanc et mat, grands yeux bleus, moustaches blondes, taille svelte et haute, — c'était un portrait en pied ; — rien n'y manquait, pas même un calme et fier sourire qui arrondissait les coins de la bouche.

Le major, en franchissant le seuil du salon, regarda tout d'abord ce portrait et murmura :

— Oh! la chaude peinture! Oh! le fringant cavalier.

Mais, presque au même instant, une porte s'ouvrit dans le fond du petit salon et le major entendit des pas légers.

Il se retourna. Une femme venait d'entrer à pas lents, les mains étendues devant elle.

Cette femme touchait-elle aux limites de la jeunesse? avait-elle déjà franchi l'âge mûr?

C'était là un problème des plus difficiles à résoudre.

A voir son front blanc, ses beaux cheveux noirs roulés et relevés sur ses tempes, ses lèvres rouges sur lesquelles glissait un sourire un peu triste, on eût pu croire qu'elle touchait à peine à la trentième année.

Mais quelques rides au bas du visage, quelques plis aux tempes, et puis, un *je ne sais quoi* plein de lassitude dans sa démarche et toute sa personne donnaient à cette présomption un formel démenti.

Cette femme était moins près de trente ans que de cinquante. Enfin, elle avait de grands yeux limpides mais fixes, des yeux qui ne voyaient pas.

C'était cette créature que, dans ses *a*

parte, le major avait nommée *Jeanne l'aveugle.*

Avec ce merveilleux instinct de ceux qui ont perdu la lumière et chez qui la nature compatissante a développé, comme compensation, l'ouïe et le toucher, Jeanne alla droit au major qui, en se levant du siége où il était assis, avait fait un léger bruit.

— C'est vous, Monsieur, lui dit-elle d'une voix grave, triste, mais emplie d'une indicible harmonie, c'est vous qui venez me visiter ?

— Oui, Madame, répondit le major.

L'aveugle chercha un fauteuil avec la main et, quand elle l'eut trouvé, elle s'assit.

— Ah! dit-elle en soupirant, votre visite est bien étrange, Monsieur.

— Pourquoi?

— Parce que depuis près de dix années je n'ai reçu personne.

— Ah!

— Personne n'est venu me voir, acheva-t-elle en laissant retomber sa tête sur sa poitrine.

— Madame, reprit le major, qui sut imprimer à sa voix un timbre affectueux et respectueusement sympathique, les visites d'amis sont rares.

— Je n'ai pas d'amis, dit la femme aveugle.

— Mais, du moins, il est des gens qui vous aiment...

Elle secoua silencieusement la tête.

— Ou qui vous ont aimée...

L'aveugle tressaillit et son visage calme se contracta légèrement.

— Qu'en savez-vous? dit-elle.

— Oh! poursuivit le major, je sais bien des choses, Madame, et ce n'est point une curiosité banale, odieuse, impie, qui m'amène auprès de vous. J'étais *au bal masqué de Bordeaux.*

Pour la seconde fois, l'aveugle tressaillit profondément.

— Qui donc êtes vous? fit-elle, tournant son visage anxieux du côté de l'inconnu, comme si elle eût voulu triompher de sa cécité et dévorer du regard le visage du major.

— Un homme qui peut-être vous apporte le bonheur.

Elle se leva à demi de son siége, étouffa un léger cri, puis retomba, secouant toujours la tête.

— Je n'attends plus de bonheur en ce monde, dit-elle avec amertume; je suis résignée...

Le major vit une larme s'échapper des

yeux éteints de Jeanne et couler le long de sa joue.

— Et cependant, Madame, reprit-il gravement, il faut bien que vous sachiez pourquoi je suis venu...

— Je vous écoute, dit-elle.

— Ah! c'est que j'ai à vous faire un long récit.

— Je suis patiente, murmura-t-elle avec son sourire triste. Parlez...

— Soit, murmura le major Samuel.

Ce dernier s'était tenu debout jusque-là.

Il s'assit, approcha son fauteuil de celui de Jeanne l'aveugle, et lui dit :

— Vous serez patiente, Madame, n'est-ce pas ?

— Oui.

— Et si douloureux que puissent être les souvenirs que je vais être contraint de vous retracer...

— Je vous écouterai jusqu'au bout.

— Sans m'interrompre ?

— Allez ! dit-elle, je vous le promets.

Le major Samuel poursuivit :

— Un soir de décembre de l'année 183...,
cette ville élégante et spirituelle qu'on
nomme Bordeaux s'était réunie tout entière
dans un bal masqué donné à l'hôtel de
ville.

La foule nombreuse et choisie qui en-
combrait les salons semblait avoir voulu
reproduire toutes les époques, tous les
règnes de notre histoire.

Les pages de Charles VI, les fauconniers
de Charles IX, les mousquetaires du roi
Louis XIII dansaient avec Agnès Sorel,

Diane de Poitiers, Valentine de Milan et la belle marquise de Sévigné.

Un magistrat bien connu s'était affublé de la pèlerine et du chapeau garni de figures de plomb du roi Louis XI, et, dans une embrasure de croisée, le monarque dévot causait avec son descendant Louis XV le sceptique.

Cependant, comme on était encore fort près des agitations politiques de 1830, l'autorité municipale avait décidé qu'on laisserait les armes au vestiaire, et pas plus

Louis XV que Louis XI, les mousquetaires que les pages, personne ne fut excepté de cette mesure de prudence.

Mais comme minuit sonnait, un leste et fringant cavalier, portant la barbe en pointe, la fraise à trois étages, le toquet à plume blanche et le pourpoint de velours noir, monta les degrés du perron et arriva à la porte du bal en lâchant un *ventre saint-gris* énergique.

C'était Henri IV, mais Henri IV à vingt

ans, Henri le Béarnais, Henri le jeune époux de la reine Margot.

Un loup de velours lui cachait le haut du visage.

Comme il allait franchir le seuil de la grande salle de bal, un mousquetaire vint à sa rencontre.

— Mille pardons, sire, dit-il, mais on n'entre point armé.

— Plaît-il? fit le Béarnais avec hauteur.

Le mousquetaire répéta son invitation.

— On ne désarme pas le roi, dit froidement le Béarnais.

Reculant d'un pas, il campa fièrement sa main gauche sur la garde de son épée, et, de la droite, il se démasqua.

Alors le mousquetaire jeta un cri et recula à son tour.

CHAPITRE SIXIÈME.

VI

Le mousquetaire était un jeune homme de trente ans environ. Le personnage vêtu en Henri IV pouvait en avoir vingt-cinq.

Tous deux étaient beaux, tous deux

étaient fiers; mais il y avait cependant un abîme entre leurs deux natures.

Le mousquetaire était grand, il avait les cheveux blonds.

Le moderne Henri IV était plus petit, bien que sa taille fût au-dessus de la moyenne.

Il avait le teint blanc, la barbe noire taillée en pointe, et rappelait assez bien, par son type gascon, les traits de Henri le Béarnais.

Ces deux hommes, jeunes tous deux,

beaux tous deux, se regardèrent l'espace d'une minute, et leurs yeux étincelèrent comme deux lames d'épée au soleil.

— Ah! vous ne m'attendiez pas ce soir, comte, n'est-ce pas? murmura le Béarnais d'une voix ironique.

— En effet, monsieur le marquis, répondit le mousquetaire, qui était devenu fort pâle. Je vous croyais au Brésil.

— J'en arrive, Monsieur, en passant par Londres.

— Ah!

— Et cela tout exprès pour vous. M'avez-vous compris, Monsieur?

— Parfaitement.

— C'est-à-dire que je vais vous attendre.

— En quel endroit?

— Mais... en bas...

Et le Béarnais, qui n'avait point franchi le seuil du bal, indiquait du doigt le bas du perron de marbre.

— Mais... Monsieur...

— Où voulez-vous que je vous attende?

— Ce n'est point cela...

— Qu'est-ce alors ?

— Le mousquetaire baissa la voix.

— Vous savez bien, Monsieur, que je ne vous échapperai pas, dit-il.

— Je l'espère, du moins...

— Par conséquent, nous pourrions attendre à demain.

— Monsieur, dit froidement le Béarnais, je suis pressé.

— Mais... *elle* est là...

Et le mousquetaire étendait la main vers a porte.

— Eh bien! ricana le jeune homme qui arrivait de Londres, qu'importe.

— Mais Monsieur... Monsieur... supplia le mousquetaire, je vous jure que demain au point du jour je serai à votre disposition.

— Je suis pressé, répéta le Béarnais d'un ton sec.

Un éclair de colère passa dans les yeux du mousquetaire.

— Eh bien! soit, dit-il, et hâtons-nous en ce cas.

— J'ai en bas ma chaise de poste; nous y monterons avec nos témoins.

— Ah! fit le mousquetaire, il nous faut des... témoins?

— Pardieu! monsieur, je compte bien vous tuer, et je ne veux pas qu'on puisse jamais croire que je vous ai assassiné...., bien que, ajouta le Béarnais avec un rire amer, ce soit presque mon droit.

En même temps il prit dans la poche de ses chausses un petit carnet dont il arracha un feuillet.

— Tenez, comte, dit-il, vous trouverez sans doute dans le bal mon ami Raoul de Nangeal. Remettez-lui cela, il vous suivra sur-le-champ.

Et, pour la troisième fois, le Béarnais répéta :

— Hâtons-nous, je suis pressé....

Le mousquetaire entra dans le bal et se perdit dans la foule.

Le moderne Henri IV redescendit, peu soucieux de se montrer au bal.

Quant à son adversaire, — car ces deux

hommes étaient ennemis mortels, — il traversa rapidement deux salons qu'il explora du regard, cherchant sans doute un ami, et, avec cet ami, M. Raoul de Nangeal.

La fête était à son plus beau moment d'enthousiasme et de folie.

Tout à coup le mousquetaire s'arrêta devant un quadrille au milieu duquel une splendide jeune fille attirait tous les regards. Elle dansait avec un jeune homme vêtu en abbé galant du règne de Louis XV, qui avait lui-même pour vis-à-vis un homme vêtu en page de Charles VI.

Ce dernier était justement M. Raoul de Nangeal.

Le mousquetaire laissa tomber un ardent regard sur la jeune fille, un regard plein d'amour et de désespoir, et ses lèvres s'entr'ouvrirent, et celui qui eût été tout près de lui et eût prêté l'oreille aurait pu l'entendre murmurer :

— Mon Dieu! mon Dieu! s'il allait me tuer !..

La jeune fille qui dansait leva la tête un moment par-dessus l'épaule de son danseur, et elle aperçut le mousquetaire.

Alors un vif incarnat colora ses joues et monta à son front.

Mais déjà le mousquetaire avait disparu.

Seulement, il avait eu le temps de faire un signe à M. de Nangeal et au jeune homme vêtu en abbé galant.

Ce dernier reconduisit la jeune fille à sa place, puis il rejoignit le mousquetaire.

— Que me veux-tu, ami ? lui dit-il.

— J'ai besoin de toi.

— Quand ?

— A l'instant même.

L'abbé fronça le sourcil.

— Serais-tu fou ? dit-il.

— Non, dit tristement le jeune homme ; je suis malheureux, voilà tout.

Et il se pencha à l'oreille de l'abbé.

— Il est revenu, lui dit-il.

L'abbé tressaillit.

— Le marquis Gontran ?

— Oui.

— Oh, malheur ! malheur ! murmura le jeune homme.

— Je le tuerai, dit le mousquetaire.

— Mais tu es fou !... Si tu le tues...

— Eh bien ?

— Jeanne ne pourra être ta femme.

Un nuage passa sur le front déjà pâle du jeune homme ; son regard s'obscurcit, il chancela...

— Oh ! alors, dit-il, c'est moi qui me ferai tuer. Marchons !

— Mais... où est-il ?

— Là-bas, à la porte. Cherche Nangeal et remets-lui ce mot au crayon. Tu sais que Nangeal est son ami.

Les deux jeunes gens s'ouvrirent un chemin à travers la foule, et comme il passait de nouveau près de la jeune fille, entourée en ce moment d'un cercle empressé de jeunes adorateurs, le mousquetaire sentit ses jambes fléchir.

— Mon Dieu ! mon Dieu ! répéta-t-il.

Dans le premier salon, ils trouvèrent M. Raoul de Nangeal.

C'était un grand jeune homme aux cheveux roux, fort laid, mais parfaitement distingué.

Le mousquetaire lui tendit silencieusement le feuillet détaché du carnet.

M. de Nangeal y jeta les yeux, tressaillit à son tour et dit vivement au mousquetaire :

— Où est-il ?

— A la porte. Il nous attend.

M. de Nangeal passa le premier et s'élança dans l'escalier.

— Je savais bien, murmurait l'abbé à l'oreille du mousquetaire, je savais bien que le marquis reviendrait.

— Tu le savais ?

— Oh! tu aurais dû presser ton mariage et arranger les choses de telle façon qu'il n'eût pas le temps de revenir. Maintenant il est trop tard; il faut se battre.

Le Béarnais était toujours dans la rue, devant sa chaise de poste, dont la portière était ouverte. Il avait remis son masque.

M. de Nangeal s'était jeté dans ses bras.

— Montez, messieurs, dit le Béarnais en s'effaçant et montrant d'une geste courtois la berline de voyage.

— Où allons-nous? demanda l'abbé.

— A une lieue d'ici, au bord de la Gironde, dans un petit bouquet de bois où nous serons à merveille.

— Hé ! mais, dit le Béarnais, il me semble que c'est vous, monsieur de Bique.

— Oui, monsieur.

— Alors tout est pour le mieux.

— Vous croyez, monsieur le marquis ?

fit l'abbé d'un ton légèrement ironique.

— Mais sans doute, car vous savez aussi bien que moi quel est l'abîme qui nous sépare, le comte et moi.

L'abbé galant s'inclina et les quatre jeunes gens montèrent dans la berline de voyage.

— Messieurs, ajouta le Béarnais, j'ai dans le coffre des épées et des pistolets. Les uns et les autres ont été achetés à Paris et me sont étrangers. Mais soyez tranquilles, messieurs, fit-il avec un sourire, les épées piquent bien et les pistolets ont une belle portée...

La berline partit au grand trot de Bordeaux et courut sur la route qui longe la rivière, en amont, pendant vingt-cinq minutes environ.

Pendant ce laps de temps, un profond silence régna parmi les quatre personnages si bizarrement accoutrés pour la circonstance.

Enfin, la voiture s'arrêta et, le premier, celui qui était vêtu en Henri IV, et à qui on avait donné le titre de marquis, sauta sur la chaussée.

Il faisait une belle nuit d'hiver, lumineuse, calme, un peu froide. Le sol durci était sonore; aucun souffle de vent ne courbait la cime des arbres, un silence profond régnait, troublé seulement par le clapotement confus de l'eau.

La berline s'était arrêtée à la lisière de ce bouquet d'arbres dont avait parlé le Béarnais.

C'était un endroit bien connu de la jeunesse de Bordeaux, fort querelleuse à cette époque, et qui se battait journellement avec les officiers de la garnison, pour cause de politique.

Les arbres, assez serrés sur les bords, s'espaçaient vers le milieu et finissaient par décrire une sorte de fer à cheval autour d'une clairière dont le sol était couvert de sable.

On pouvait se battre à l'épée, en cet endroit, aussi commodément que dans une salle d'armes.

Le marquis, — c'était le titre qu'on avait donné au jeune homme vêtu en Henri IV, fit un signe au valet de pied assis sur le siége de la berline, et celui-ci souleva une caisse oblongue qu'il avait placée sous ses pieds. C'était un coffre qui contenait à la fois deux paires de pistolets et deux paires d'épées de combat.

Le valet prit cette caisse, la chargea sur son épaule et se mit à suivre son maître qui s'était enfoncé sous les arbres.

Le mousquetaire marchait à trois pas de

distance; puis, derrière lui, le jeune homme vêtu en abbé et M. Raoul de Nangeal cheminaient côte à côte et causaient tout bas.

— Ainsi, vous croyez, Raoul, disait le premier, qu'il est tout à fait impossible de les réconcilier ?

— Autant songer à rapprocher les deux pôles.

— Mais la famille ignore cette haine.

— Sans doute, puisque la main de mademoiselle Jeanne a été accordée au comte Victor.

— Et ils s'aiment? murmura le jeune homme.

— A qui le dites-vous?

— Et ce duel, quoi qu'il advienne, va séparer pour toujours les deux amants ?

— Hélas! dit M. de Nangeal, c'est incontestable. Si Victor tue Gontran, il ne pourra épouser mademoiselle Jeanne.

— Et, dit l'abbé galant, si Gontran vient à tuer Victor, mademoiselle Jeanne en mourra.

— Tenez, dit tout à coup M. de Nangeal,

je suis pris d'un remords terrible.

— Lequel ?

— C'est de n'avoir point prévenu mademoiselle Jeanne avant de quitter le bal.

— Eh bien ! si vous l'eussiez fait ?

— Elle serait accourue, elle s'interposerait entre eux.

L'abbé secoua la tête :

— Ils remettraient l'épée au fourreau et se rebattraient demain.

En causant ainsi, les deux jeunes gens, qui s'étaient armés des lanternes de la berline de voyage pour éclairer le combat, rejoignirent le comte Victor et le marquis Gontran.

Ces derniers, eux aussi, avaient échangé quelques mots.

— Comte, avait dit le marquis, je dois vous prévenir que j'ai pris mes précautions.

— Ah! ah!

— J'espère vous tuer; mais je n'en ai pas moins prévu le cas contraire, et alors...

— Vous avez sans doute chargé M. de

Nangeal de continuer le combat ? ricana le comte.

— Non.

— Alors, qu'avez-vous fait ?

— J'ai écrit une lettre à mon père et je lui ai tout dit.

Le comte Victor frissonna et sa pâleur devint livide.

— Oh ! vous êtes implacable ! murmura-t-il.

— C'est vrai.

— Vous n'avez donc jamais pardonné ?

— Jamais !

— Peut-être, murmura le mousquetaire avec émotion, peut-être n'avez-vous point songé à votre sœur ?

— Au contraire, Monsieur, puisque j'ai fait deux mille lieues dans le seul but de faire échouer vos projets.

— Mais... elle m'aime...

— Je le sais.

— Et si je vous tue...

— Eh bien ! elle vous haïra

— Oh ! non, jamais ! s'écria le comte

avec force, jamais ! car elle saura que jusqu'à la dernière heure j'ai essayé de vous faire entendre la voix de la raison, que je vous ai prié, supplié...; que moi, le fier et le hautain, je me suis humilié devant vous.., que... je vous ai... demandé pardon !...

Et le comte tremblait en parlant ainsi, et son regard était suppliant. Et c'était chose navrante à voir que ce beau et fier jeune homme adressant sur le terrain, — fait inouï ! — des excuses à son adversaire.

Mais le marquis haussa les épaules et, reculant d'un pas :

— Tenez, dit-il, n'ajoutez pas une syllabe, ou je croirais que vous êtes un lâche !

Ce mot fut prononcé avec un tel accent de mépris, que le comte étouffa un cri de rage.

— Oh! dit-il, des épées! des épées tout de suite !

Le valet avait ouvert le coffre.

— Tenez, répondit le marquis, choisissez !...

Le comte Victor se baissa, saisit une épée et tomba en garde.

Le marquis en avait fait autant.

— Vous le voyez, dit M. de Nangeal à l'oreille du second témoin, ce serait peine perdue que tenter une réconciliation.

Les deux adversaires avaient croisé le fer et s'étaient rués l'un sur l'autre avec furie.

Tous deux étaient de fines lames, tous

deux avaient fait une longue et patiente étude dans l'art de détruire.

Pendant trois minutes, M. de Nangeal et l'abbé galant, qui s'étaient placés à leur poste de témoins, n'entendirent que le froissement précipité du fer sur le fer; puis, tout à coup retentit un cri de rage à la lueur des lanternes, et, aux rayons de la lune, ils virent l'arme du marquis Gontran qui sautait en l'air.

Le comte avait lié l'épée de son adversaire tierce sur tierce, l'avait fait sauter d'un revers de poignet et, allongeant le bras en même temps, il avait appuyé la pointe de la sienne sur la poitrine du marquis.

Et cependant l'épée ne s'enfonça point, et le comte, d'une voix émue, dit au marquis :

— Monsieur, votre vie est entre mes mains ; voulez-vous me pardonner ?

— Tuez-moi ! dit le marquis avec rage. Je vous hais et je vous méprise !

Le comte étouffa un soupir et releva son arme.

— Vous avez des épées de rechange, dit-il. Je ne tue pas un homme désarmé.

Le marquis courut au coffre, y reprit une épée, et, de nouveau, les deux adversaires tombèrent en garde.

Mais, en ce moment, on entendit un cri terrible, un cri de désespoir et d'angoisse, et une femme accourut et se précipita pour séparer les combattants.

. . . .

CHAPITRE SEPTIÈME.

VII

A cet endroit de son récit, le major s'arrêta un moment et regarda Jeanne l'aveugle.

La pauvre femme avait le visage baigné de larmes silencieuses.

— Madame, lui dit alors le major Samuel en lui prenant la main, il faut bien que je continue, il le faut, afin que vous sachiez pourquoi j'ai osé venir jusqu'à vous.

— Parlez, répondit-elle. J'ai eu tous les courages en ma vie, j'aurai celui de vous entendre me renouveler toutes mes douleurs.

Le major continua :

— La femme qui venait de s'interposer entre le comte Victor et le marquis Gontran était cette belle jeune fille que le mousquetaire avait regardée naguère avec tant d'amour.

— Mon frère! s'écria-t-elle en regardant le marquis. Victor! répéta-t-elle avec un indicible accent de désespoir et d'effroi, en tendant les deux mains au comte, vous qui allez être mon époux !

Et, comme ils s'étaient écartés, piquant leurs épées en terre, elle se prit à les contempler l'un et l'autre avec une sorte de stupeur.

— Toi, mon frère, dit-elle encore, toi que nous n'avions pas vu depuis trois années, est-ce donc pour tuer l'homme que j'aime que tu es revenu ?

Et, s'adressant au comte Victor, tandis que le marquis gardait un morne silence :

— Mais dites-moi donc, fit-elle, que vous ne le connaissiez pas... que vous ne l'aviez pas reconnu... dites moi...

Le comte baissait la tête.

Mais tout à coup le marquis jeta son épée loin de lui, et, tendant la main à son adversaire :

— Je vais tout expliquer, dit-il.

Le comte prit la main du marquis. Alors celui-ci se mit à sourire, et, regardant sa sœur :

— Ma chère Jeanne, dit-il, je suis revenu pour assister à ton mariage. Mais j'avais une vieille querelle à vider avec ton futur époux, et nous devions nous battre au premier sang. Tu vois que ce n'était pas fort dangereux.

— Mon Dieu! murmura la jeune fille toute tremblante.

— Mais puisque te voilà, j'espère que le comte n'aura pas plus de rancune que moi.

— Oh! certes! dit le comte.

Et les deux jeunes gens se serrèrent de nouveau la main.

La jeune fille pâle, frissonnante, s'était jetée dans les bras de son frère.

— Et maintenant, ajouta ce dernier, retournons au bal.

Jeanne s'était appuyée sur son bras.

— Viens ! dit-elle.

Et, par dessus l'épaule de son frère, elle jeta un tendre regard à son amant.

M. de Nangeal et M. de Bique, témoins de cette étrange scène n'avaient point échangé un seul mot.

Ce ne fut que lorsque le comte donnant le bras à sa sœur se fut éloigné de quelques pas, que M. de Nangeal dit à l'abbé galant :

— Croyez-vous à la sincérité de cette réconciliation.

— Hélas! non, répondit l'abbé, c'est une comédie terrible.

— Je le crains, hélas!

— Et moi je suis sûr qu'ils se rebattront demain, et à mort, cette fois.

Les deux jeunes gens soupirèrent et sortirent de la clairière à pas lents.

Le marquis avait fait remonter la jeune

fille dans la voiture qui l'avait amenée, voici comment.

Jeanne avait vu sortir le mousquetaire du bal.

Sa pâleur subite avait frappé la jeune fille, elle l'avait suivi et vu s'éloigner avec avec M. de Nangeal et M. de Bique.

Alors avec ce merveilleux inctinct du cœur que les femmes seules possèdent, Jeanne avait deviné que le comte Victor allait se battre.

Elle quitta le bal sans prévenir personne,

et, comme elle arrivait dans la rue, elle aperçut la berline de voyage qui s'éloignait rapidement.

Se jeter dans une voiture et promettre au cocher une poignée d'or, s'il pouvait rejoindre la berline, fut pour Jeanne l'histoire d'une minute.

On comprend maintenant comment elle était arrivée sur le théâtre du combat sans se douter, hélas! que l'homme avec qui le comte Victor croisait le fer était son frère à elle.

On sait le reste.

Moins d'une heure après, le roi Henri IV déposait son épée au vestiaire du bal et, son masque sur le visage, il entrait, donnant la main à Jeanne, vêtue en reine Margot.

Le mousquetaire et l'abbé galant entrèrent derrière eux, et bientôt la jeune fille, dont l'émotion était calmée, se remit à danser.

Alors le marquis Gontran s'approcha du comte Victor.

— Maintenant, madame, dit le major, s'interrompant de nouveau, il faut que je vous dise ce que vous n'avez jamais su.

— Ah ! dit Jeanne l'aveugle, j'ai su tant de choses, monsieur....

— Sans doute, mais vous avez toujours ignoré le vrai motif de cette haine violente que le marquis Gontran portait au comte Victor.

L'aveugle se dressa vivement de son siége comme si elle eût été mue par un ressort d'acier :

— Vous le savez donc ? dit-elle.

Et ses larmes cessèrent de couler et tout son visage exprima une ardente et douloureuse curiosité.

— Oui, madame, répondit le major, et je suis peut-être aujourd'hui le dernier dépositaire de ce fatal et terrible secret.

Et le major continua :

Environ deux années avant les événements que je viens de vous rappeler, madame, par un soir d'hiver, et comme la nuit approchait, un groupe de quatre chasseurs atteignit la lisière d'une grande forêt du Poitou.

Auprès d'eux, un piqueur qui tenait en lesse une petite meute de chiens de Vendée, poussait devant lui un mulet sur le bât à paniers duquel était couché un énorme sanglier mort, dépouille opime de la journée.

Le soleil avait disparu derrière de gros nuages noirs, la terre était couverte de neige; il faisait froid, et nos chasseurs, le fusil sur l'épaule, le couteau de chasse à la ceinture, vêtus de velours, chaussés de grandes bottes montantes, et la tête couverte, les uns du large chapeau vendéen, les autres de la casquette ronde des sportmen, soufflaient dans leurs doigts et marchaient d'un pas rapide.

— Brr! disait l'un d'eux, comme il fait froid.

— J'ignore où sont mes doigts, répondit un second. J'ai l'onglée.

— Heureusement, messieurs, ajouta le troisième, que nous ne sommes qu'à un quart de lieue de notre halte de chasse.

— Et que, fit le quatrième en manière de conclusion, nous y trouverons bon souper, bon feu et bon vin.

Les quatre jeunes gens doublèrent le pas et s'éloignèrent de la forêt.

Cependant, l'un d'eux demeurait en arrière :

— Hé! Gontran? lui cria-t-on, es-tu donc engourdi par le froid ou bien rêves-tu à tes amours?

Le jeune homme ainsi interpellé se rapprocha :

— Et quand celà serait? fit-il.

— Tu as des amours?

— Peut-être...

— Ah ! bah !

Et il y eut comme un éclat de rire moqueur et sceptique :

— Je croyais, dit un des chasseurs, que tu avais juré de ne jamais aimer.

— Serment d'ivrogne !

— Sous le vain prétexte que les femmes

nous prennent plus qu'elles ne nous donnent, et nous coûtent plus de larmes qu'elles ne nous rapportent de joies.

— C'est vrai, messieurs, que voulez-vous ? Est-on jamais le maître absolu de son cœur ?

Et le jeune homme prononça ces mots d'un ton grave et légèrement ému.

— Oh ! oh ! messieurs, dit celui qui marchait à sa droite, Gontran est décidément amoureux.

— J'en conviens.

— Et si nous le mettons sur le chapitre

de ses amours, je vous jure que nous aurons le plus déplorable des soupers.

— Pourquoi donc ?

— Mais parce qu'un amoureux est mélancolique.

— C'est juste.

— Donc, foin de la mélancolie ?

— Oh ! messieurs, dit celui qu'on avait appelé Gontran, rassurez-vous, je ne vous importunerai point de mes secrets. D'ailleurs le vrai bonheur n'est pas communicatif.

— Tu es donc réellement heureux ?

— Oh ! fit le jeune homme d'un ton pénétré.

— Victor est un sceptique, dit Raoul de Nangeal....

Car, vous l'avez deviné, madame, s'interrompit le major, ces quatre jeunes gens n'étaient autres que le marquis Gontran de L..., le comte Victor de B..., M. Raoul de Nangeal et M. de Bique.

L'aveugle fit un signe de tête affirmatif et le major poursuivit :

En causant ainsi, les chasseurs atteignirent une ferme enveloppée dans un bouquet d'arbres, et dans laquelle ils logeaient en *déplacement*, comme on dit, depuis trois jours.

Lorsqu'ils franchirent le seuil de la cuisine, un large feu flambait dans l'âtre et un cuisseau de chevreuil à la broche achevait de rissoler.

Dans une petite salle attenante à la cuisine, la fermière avait couvert une table de gros linge bis et de faïence enluminée, au milieu de laquelle étincelait l'argenterie armoriée apportée par les chasseurs.

— Allons! messieurs, à table! dit M. de Bique. Je meurs de faim.

— Laisse-moi donc me réchauffer un moment, dit Victor, qui se plaça sur une chaise à califourchon devant le feu. Je n'ai pas comme Gontran un amour au cœur, moi....

Et Victor se mit à rire.

— Oh! toi, dit Raoul, tu es un vrai railleur.

— Je suis trop vieux pour aimer...

— Bah !

— Je réserve tout l'amour que je puis avoir au fond de l'âme pour la femme que j'épouserai.

— Pouah ! Messieurs, fit M. de Bique, voici que Victor va nous parler mariage. Merci ! Quelle absinthe !

Raoul et M. de Bique se mirent à table, et le marquis Gontran les suivit.

Victor était toujours auprès du feu; mais comme la porte de la petite salle était demeurée ouverte, la conversation continua :

— Ainsi Gontran a une maîtresse? fit Raoul.

— Oui, certes.

— L'aimes-tu ?

— A en mourir.

— Et, peut-on savoir à quel monde elle appartient?

Gontran tressaillit.

— Que vous importe? fit-il.

— Hé! dit Raoul de Nangeal, c'est que

je t'ai vu bien assidu pendant tout l'hiver auprès de certaine baronne...

— Tu te trompes, la femme que j'aime ne va point dans le monde.

— Vraiment?

— C'est une bayonnaise, — à jupes rouges et à foulard bleu, ajouta froidement Gontran.

— Et tu l'aimes?

— A en mourir... Et si mon père n'était plus de ce monde, je l'épouserais.

Le jeune homme prononça ces mots

avec une conviction telle, que M. de Nangeal et M. de Bique tressaillirent et se turent.

Quand au comte Victor de B... il vint se mettre à table et dit :

— Ma foi ! Messieurs, les bayonnaises sont si jolies, que je comprends l'amour de Gontran. Tenez, il y a cinq jours, j'ai aimé une de ces filles-là. — Oh ! pas longtemps, l'espace d'une nuit, — et, j'ai rompu avec elle, me sentant gagné par un charme irrésistible.

— Ah ! ah ! dit Raoul, toi aussi ?

— Oh! dit Victor, continuant à sourire, c'est une assez jolie histoire, du reste.

— Conte-nous la.

— Il paraît que la petite avait un amoureux, — un bel amant mystérieux, qui s'introduisait chez elle avec des précautions romanesques.

A ces mots de Victor, Gontran fit un brusque mouvement; mais aucun des trois convives n'y prit garde.

— La petite, continua Victor, vivait avec ses parents, dans une rue étroite de Bordeaux, la rue de la Vieille-Tour. Chaque nuit, une fenêtre de la maison voisine s'ouvrait, et une planche était jetée comme un pont de cette fenêtre à celle de la bayonnaise... Mon valet de chambre avait pris tous ces renseignements, et il s'est chargé de tout, acheva Victor.

Gontran se dressa tout à coup, et tout d'une pièce :

— Pardon, dit-il en regardant Victor fixement, mais ton histoire m'intéresse. J'aimerais assez des détails.

— En voici ; L'amant mystérieux s'est absenté, paraît-il. Mon valet de chambre m'a introduit dans sa maison et... la planche... tu comprends.

Gontran s'élança sur Victor.

— Tu mens! ou tu es un infâme! s'écria-t-il.

— Je dis vrai, répondit Victor, qui devina soudain, et devint pâle comme un mort.

— Cet amant mystérieux, poursuivit Gontran, cet *amant à la planche*, cet homme trompé, trahi, et dont toute la vie est brisée maintenant, c'est moi!...

Et, rapide comme la foudre, il souffleta Victor sur les deux joues, aux yeux des deux autres jeunes gens consternés.

— Il me faut tout ton sang! murmura-t-il, tandis que Victor jetait un cri de rage.

. . . .

Une heure après, Madame, reprit le major Samuel après un moment de silence, un duel sauvage, inouï dans les annales françaises, un de ces duels féroces que les Yankees ont inventés, avait lieu à peu de distance de la ferme.

Gontran de L... et Victor de B... armés d'un fusil de chasse, marchaient l'un sur l'autre, avec le droit de faire feu de leurs deux coups à volonté.

Victor, ivre de rage, car il avait été souffleté, tira le premier, et sa balle effleura l'épaule du marquis Gontran.

Gontran fit feu à son tour, et Victor ne fut point atteint.

Alors ce dernier épaula de nouveau.

Mais, tout en continuant à marcher, obéissant à un mouvement instinctif, Gontran baissa la tête, et la balle qui devait lui briser le crâne, perça seulement son chapeau. Victor avait tiré ses deux coups; il en restait un à Gontran.

Gontran marchait toujours, et lorsqu'il ne fut plus qu'à trois pas de son adversaire, il appuya son doigt sur la détente.

Victor tomba sans pousser un cri.

On remporta le jeune homme à la ferme.

M. de Nangeal, qui avait fait quelques études chirurgicales, déclara que le comte Victor de B... serait mort avant le point du jour, et il dit à Gontran :

— Sauve-toi ! retourne à Bordeaux... C'est le plus sage !

Le marquis Gontran monta à cheval, galoppa vingt heures, arriva à Bordeaux, courut à la rue de la Vieille-Tour et croisa un convoi funèbre, celui de la jeune fille qu'il avait tant aimée.

La bayonnaise était morte des suites de l'immense douleur qu'elle avait éprouvée en reconnaissant sa méprise.

Gontran voulut se tuer; puis, il eut honte du suicide, et il se dit que mieux valait pour lui aller chercher la mort sous quelque climat meurtrier du nouveau monde.

Et voilà pourquoi, Madame, acheva le major Samuel ; le marquis Gontran partit en écrivant à sa famille qu'il ne voulut point revoir·

« J'ai perdu au jeu, la nuit dernière, une somme immense. Je vais en Amérique refaire ma fortune. »

. . . .

CHAPITRE HUITIÈME.

VIII

L'aveugle écoutait tous ces détails avec une sombre avidité.

On eût dit qu'elle éprouvait comme une

joie cruelle à revivre au milieu de ce passé déjà lointain.

— Après? Monsieur, après? fit-elle vivement.

— Deux ans s'écoulèrent. M. Raoul de Nangeal s'était trompé dans ses prévisions chirurgicales. Le comte Victor de B... n'était pas mort.

Il lui fallut trois mois pour se retrouver sur ses pieds, et un voyage en Italie d'une année pour achever son rétablissement.

Il revint à Bordeaux où son aventure tragique était inconnue.

Messieurs de Bique et de Nangeal avaient gardé le plus profond silence. Une jeune fille, belle et charmante, une créature adorable se trouva sur son chemin. Il l'aima...

Et quand son cœur battit à rompre sa poitrine, lorsque son âme toute entière fut à jamais liée à l'âme de cette jeune fille, il apprit, en frissonnant, qu'elle était la sœur de cet homme dont il avait brisé la vie et foulé l'amour aux pieds.

Vous comprenez maintenant, Madame, n'est-ce pas?

Le comte Victor de B... demanda et obtint la main de mademoiselle Jeanne de L... qu'il aimait, et qui l'aimait; et, huit jours avant le mariage, ce frère disparu, le marquis Gontran, qui était allé refaire sa fortune en Amérique, revint et se montra au milieu d'une fête comme la statue du commandeur.

Le comte Victor avait espéré que son

mariage serait célébré avant le retour de son ennemi.

Le comte s'était trompé.

Vous savez maintenant quelle haine terrible le marquis Gontran nourrissait pour celui qui voulait devenir l'époux de sa sœur.

Le marquis, en présence de Jeanne, avait dissimulé; il avait tendu la main à son adversaire.

Mais ni M. de Nangeal, ni M. de Bique n'avaient été dupe de cette réconciliation.

Tous deux avaient compris que c'était partie remise, et je vais maintenant, vous dire ce qui se passa au bal entre M. Victor de B... et le marquis Gontran de L..., tandis que Jeanne dansait avec l'insouciance de son âge, et la conviction que son frère et son fiancé étaient les meilleurs amis du monde.

— Monsieur, dit le marquis en entraînant le comte Victor à l'écart, j'espère que vous avez compris.

Le comte s'inclina :

— Parfaitement, dit-il.

— Demain, n'est-ce pas ? reprit le marquis.

Le comte soupira et fit un signe de tête affirmatif :

— Je suis à vos ordres, dit-il.

Le marquis parut réfléchir :

— Tenez, fit-il, j'ai une bonne idée, je crois.

— Voyons ?

— Si je vous tue, il sera toujours temps que je m'explique. Si vous me tuez, vous aurez creusé entre ma sœur et vous un tel abîme que vous ne le pourrez jamais combler. Donc, écoutez-moi bien.

— Soit, parlez...

— Je vais vous laisser votre rôle de fiancé jusqu'à demain soir. Ma famille est à son château de la Morelière, vous savez, sur la route de Libourne, à cinq lieues de Bordeaux. Mon père y est resté. Ma mère et ma sœur sont seules ici.

— Je le sais.

— Je vais les reconduire et je vous invite à dîner à la Morelière, demain, vous, Nangeal et M. de Bique.

Le comte répondit froidement.

— Cela tombe d'autant plus juste que je suis attendu à la Morelière demain.

— Ah !

— Pour la signature du contrat.

— Alors vous connaissez parfaitement les êtres du château.

— A merveille !

— Nous en sortirons par la serre et la petite porte du jardin, et nous irons jusques à un endroit qu'on nomme le *Saut-du-Loup*.

— Je le connais.

— Là, acheva le marquis, nous pourrons nous battre à outrance, nul ne nous dérangera. Au revoir, comte !...

Et le marquis salua et se perdit dans la foule.

— O fatalité ! murmura le comte Victor qui demeura un moment immobile, muet, la sueur au front, à la place où l'avait laissé Gontran de L...

Tout à coup, M. de Bique, celui des deux témoins que nous avons vu vêtu en abbé galant, vint le rejoindre :

— Gontran, lui-dit-il, vient de m'apprendre que nous dînions demain à la Morelière.

— Oui, fit le comte.

— Je devine.

— Ah! murmura Victor en plaçant ses deux mains sur son front, Jeanne est à jamais perdue pour moi. Si je tue son frère, je ne pourrai jamais...

— Chut! dit M, de Bique. Sortons... nous avons à causer.

Et il l'entraîna hors du bal.

Tous deux quittèrent l'hôtel de ville et s'en allèrent dans une rue étroite et déserte.

— Comte, dit alors de M. Bique, tout est perdu, si Jeanne ne t'aime pas au delà de toutes limites.

— Et si son amour est sans bornes?

— Tout est sauvé.

— Que veux-tu dire?

— Ecoute. Demain tu vas aller à la Morelière.

— Oui.

— Quand tout le monde sera couché tu en sortiras pour t'aller battre avec Gontran.

— Hélas !

— Eh bien ! il faut qu'auparavant tu voies mademoiselle Jeanne.

— Et quand je l'aurai vue.

— Que tu lui avoues la vérité, ou du moins que tu lui affirmes qu'il y a entre Gontran et toi une haine mortelle. Il faut alors qu'elle comprenne que la fuite seule peut assurer votre bonheur.

Le comte tressaillit :

— Mais c'est un enlèvement que tu me propose ? dit-il.

— Hé ! sans doute. Jeanne compromise, Jeanne en ton pouvoir, il faudra bien que le marquis fasse taire sa haine pour sauver son honneur...

— Oh! tu as raison, dit le comte qui se jeta au cou de M. de Bique.

— Je me charge de tout, acheva ce dernier.

Demain soir, à onze heures, j'aurai placé au bout du parc une chaise de poste attelée, et je te jure que les chevaux seront bons... adieu... à demain...

. . . .

En cet endroit de son récit, le major s'arrêta de nouveau :

— Madame, dit-il à Jeanne l'aveugle, la patience avec laquelle vous écoutez ce douloureux récit sera bientôt récompensée.

Croyez-moi... tout n'est point perdu pour vous en ce monde...

Il lui baisa la main et reprit :

CHAPITRE NEUVIÈME.

CHAPITRE SECOND.

IX

Le lendemain du bal il y avait eu nombreuse réunion au château de la Morelière.

On avait signé le contrat de mariage de

M. le comte Victor de B..., fils cadet du duc de B... avec mademoiselle Jeanne de L...

A dix heures du soir, la plupart des invités étaient partis et il ne restait plus dans le grand salon du château que les deux fiancés, le marquis Gontran, M. de Nangeal et M. de Bique.

— Mon cher comte, dit Gontran en se levant à son tour, Nangeal, Bique et moi, nous allons à une expédition nocturne.

— Bah ! fit le comte jouant la surprise.

— Que voulez-vous dire ? demanda Jeanne étonnée.

— Oh ! rassure-toi, petite sœur, dit le marquis, ce n'est point une expédition du même genre que celle de la nuit dernière.

Et il tendit cordialement la main à Victor qui eut le courage de la serrer.

— Et où allez-vous donc ? demanda la jeune fille.

— A l'*affut* du loup.

— Bah ! fit Victor.

— Nous y passerons vraisemblablement

la nuit, ajouta le marquis. Bonsoir petite sœur, bonsoir cher beau-frère futur...

Les trois jeunes gens sortirent, laissant les deux fiancés en tête à tête.

Mais le marquis et M. de Bique échangèrent tour à tour un regard rapide avec Victor.

Le regard de M. de Bique signifiait :

— Hâte-toi ! Les chevaux et la chaise de poste sont prêts.

Le regard du marquis voulait dire :

— Je suis patient, causez avec votre

fiancée, aussi longtemps qu'il vous plaira, mais lorsque vous aurez pris congé d'elle, songez que je vous attends...

Lorsqu'ils furent partis, le comte Victor comprit qu'il n'y avait pas une minute à perdre.

Et se levant sur-le-champ, il prit les deux mains de Jeanne, changea subitement d'attitude et de langage et lui dit :

— Jeanne, m'aimez-vous ?

Elle fut effrayée de son accent :

— Oh ! dit-elle, il le demande !

— M'aimez-vous plus que la vie ?

— Oui.

— Plus que l'honneur ?

— Oui, dit-elle affolée.

— Si j'étais perdu pour toi, mourrais-tu ?

— A l'instant même.

— Et s'il te fallait tout quitter pour moi...

— Je te suivrais au bout du monde.

— Eh bien ! reprit le jeune homme avec vivacité, hâtons-nous, Jeanne, car chaque minute qui s'écoule nous rapproche de la mort.

— Que veux-tu dire ?

— Sais-tu où est allé ton frère ?

— Non.

— A un quart de lieue d'ici, au *Saut-du Loup* où il m'attend avec ces Messieurs qui sont nos témoins...

— Oh !...

— Ton frère me hait mortellement, Il veut me tuer, et il me tuera si je ne le tue.. et si je le tue...

— Oh ! Jamais ! Jamais ! ! s'écria la jeune fille éperdue.

— Viens ! Fuyons !... Fuyons !!... ou nous sommes perdus, répéta le comte avec une énergie sauvage.

Et il jeta sur les épaules de Jeanne un grand burnous blanc qu'elle portait, le en se promenant dans le parc.

Et comme elle hésitait encore, il la prit dans ses bras, ouvrit la porte-fenêtre qui donnait sur le perron et l'entraîna dans le parc, à l'extrémité duquel la chaise de poste préparée par M. de Bique attendait...

M. de Bique était un homme de précaution.

Les chevaux n'avait pas de grelots, de plus leurs pieds étaient enveloppés de chiffons !...

. . . .

— Monsieur ! Monsieur, interrompit à son tour Jeanne l'aveugle, de qui donc tenez-vous tous ces détails qui sont d'une rigoureuse exactitude ?...

— Patience ! Madame, répondit le ma

jor. Je suis tout à l'heure à la fin de cette navrante histoire et vous allez bientôt savoir pourquoi j'ai eu le courage de vous la rappeler...

Et le major poursuivit :

Deux heures après, la chaise de poste avait fait dix lieues ; au point du jour, elle était bien loin du château de la Morelière. Jeanne et son ravisseur ne s'arrêtèrent que le soir dans une misérable auberge où ils passèrent la nuit. Ils se dirigeaient vers la Vendée où le comte Victor avait des amis sûrs...

Mais le lendemain, au coucher du soleil, comme la chaise de poste traversait une forêt épaisse et sombre, un coup de feu retentit, une balle siffla et un des chevaux atteint dans le chanfrein tomba mortellement frappé.

En même temps quatre hommes le visage couvert de masques noirs s'élancèrent sur la route et entourèrent la voiture.

Le comte Victor sauta à terre pour se

défendre, mais il reçut un coup de pistolet presque à bout portant et fut renversé mourant sous les pieds des chevaux.

En même temps son meurtrier se démasqua et courut à Jeanne évanouie, murmurant :

— J'ai tué ton séducteur, mais comme il faut que mon honneur soit sauf, je te condamne à une prison éternelle. Tu es morte pour le monde entier...

. . . .

CHAPITRE DIXIÈME

X

A présent, madame, dit encore le major, reportons-nous à dix années plus tard.

Jeanne vit enfermée en un manoir de Bretagne.

Elle n'a jamais revu le comte Victor.

Est-il mort ou vivant ?

Ses geôliers ne lui diront jamais...

Mais Jeanne est devenue mère. Elle a un fils de dix ans qu'elle nomme Raymond.

Ce fils est toute sa joie, tout son bonheur... C'est la vivante image de son père.. C'est le comte Victor de B... à dix ans...

Eh bien ! la malheureuse femme, brisée en son amour, verra son dernier bonheur perdu...

Une rivière profonde passe au bout du

parc de ce manoir converti en prison...

Un matin, l'enfant disparait... on retrouve sa blouse et sa casquette flottant sur la rivière...

L'enfant s'est noyé !

. . . .

A ces derniers mots, Jeanne l'aveugle poussa un cri terrible, le cri de la mère dont le cœur endormi par la douleur se réveille tout à coup.

Mais, tout à coup aussi, le major lui serra énergiquement la main :

— Soyez forte ! Madame, dit-il, forte contre la joie comme vous l'avez été contre la douleur,.. votre fils ne s'est point noyé !...

Et comme elle se levait tremblante, éperdue, folle, étendant les mains devant elle et s'écriant :

— Oh ! quel rêve je fais !...

Le major ajouta :

— Votre fils vit, madame, et je vous le rendrai !...

— Vous ! vous dit-elle en tombant à genoux et joignant les mains.

— Moi, dit-il je vous l'amènerai...

L'aveugle tremblait de tous ses membres et fondait en larmes.

Elle était à genoux, ses yeux étaient tournés vers le ciel, ses mains jointes... et parfois elle murmurait :

— Mon Dieu ! Faites que je ne meure pas, à présent...

Et puis, soudain, le doute, un doute affreux traversa son esprit :

— Et qui me dit, fit-elle en se redressant tout à coup, qui me dit que vous ne me trompez pas ?...

— Votre fils sera dans vos bras ce soir même, répondit le major avec un accent si convaincu, que Jeanne eut foi en lui.

— Je vous crois, dit-elle.

Puis elle continua à pleurer.

— Mais, madame, reprit le major, il ne suffit pas que je vous affirme l'existence de votre fils, il faut encore que je vous dise comment vous avez pu croire à sa mort,

Il faut que vous m'écoutiez encore...

— Oh ! parlez, parlez ! dit-elle, maintenant parlez-moi de mon fils...

— Le comte Victor de B..., madame, semblait avoir l'âme chevillée au corps. Il ne mourut pas plus du coup de pistolet tiré sur lui par votre frère, qu'il n'était mort de la balle qui lui avait traversé la poitrine deux années auparavant.

Mais ce fut en vain qu'il remua ciel et terre, lorsqu'il fut rétabli, pour vous retrouver.

Le marquis Gontran avait pris ses précautions.

Au bout de dix années, il se maria, désespérant de vous retrouver jamais, son union fut stérile.

Pour le monde entier, le comte Victor de B... était devenu l'homme heureux entre tous. La mort de son père et de son frère aîné l'avaient fait duc et pair ; il avait une grande fortune; et cependant, un ver rongeur dévorait sa vie.

Il n'avait pas d'enfants, il n'en aurait

jamais... et il vous pleurait comme morte.

Un jour, un homme qui avait disparu depuis dix années, un homme qu'il croyait mort aussi se présenta chez lui.

C'était le marquis Gontran.

— Ah ! s'écria le duc Victor, c'est vous enfin ! venez donc, et, cette fois, c'est moi qui vous tuerai !...

— Vous vous trompez, ricana le marquis. Ce n'est plus votre vie qu'il faut à ma vengeance. C'est une douleur terrible, épouvantable que je vous réservais... Jeanne est devenue mère... vous avez un fils... un fils que j'ai séparé d'elle... pour que vous ne puissiez le retrouver... un fils que vous ne verrez jamais...

Alors le duc oublia sa haine, il oublia que cet homme avait immolé à sa rancune le bonheur et la vie entière de sa sœur ; il se jeta à ses genoux, il l'implora et le supplia...

Le marquis fut implacable.

— Tenez, lui dit-il, je veux cependant vous prouver que je ne suis point injuste et aveugle dans mes haines. Vous avez brisé mon bonheur de jeune homme et je me suis vengé ! Ma sœur a déshonoré mon nom et elle a été punie... Mais cet enfant n'est point coupable, et je ne veux pas qu'il subisse un châtiment immérité.

Et comme le duc le regardait et l'écoutait avec avidité, il ajouta :

— Si j'étais encore riche, je ne m'adresserais point à vous. Mais je me suis ruiné au jeu et j'ai consacré les quatre mille livres de rente qui me restaient à assurer du pain à ma sœur. Voulez-vous me prendre pour intermédiaire auprès de votre fils. Vous me compterez cinquante mille livres tous les ans, et je pourvoierai à son éducation.

Le duc pria et supplia encore, il voulait vous revoir, il voulait voir son fils...

— Prenez garde ! dit le marquis, si vous refusez, vous n'entendrez jamais parler de moi...

Et le duc accepta, et c'est pour cela que votre fils, madame, votre Raymond est devenu un grand et beau jeune homme, bien élevé...

Jeanne, l'aveugle, écoutait toujours. Cependant ses lèvres s'entr'ouvraient et se refermaient avec hésitation.

Le major comprit qu'elle voulait et n'osait lui faire une question.

— Ah ! je devine, madame, dit-il. Vous voulez savoir si le duc...

— Oui, fit-elle d'un signe de tête.

— Hélas ! Il est mort, il y a deux ans,

d'une attaque d'apoplexie, sans avoir eu le temps de faire son testament...

— Mon Dieu ! s'écria l'aveugle.

Et mon fils ?...

— Votre fils est maintenant réduit à la misère..., et c'est pour cela que je suis venu...

— Mais, qui donc êtes-vous ? demanda-t-elle une fois encore, vous qui savez tant de secrets ?

— Madame, répondit gravement le major, je vous ai trompée tout à l'heure, en vous disant que j'étais *au bal de Bordeaux*. Le hasard seul m'a fait le dépositaire des secrets dont vous parlez ?

Votre frère, le marquis Gontran est mort aussi, et j'ai recueilli sa confession et son dernier soupir.

Votre frère était tombé dans la misère et l'abjection ; il avait été joueur et duelliste ; il devait mourir d'un coup d'épée au sortir d'un tripot.

Il a vécu deux heures encore après avoir été frappé ; et, dans ces deux heures, il a eu le temps de se repentir, et il m'a chargé de vous voir, de retrouver votre fils et de faire tous mes efforts pour lui reconquérir la fortune de son père.

Après avoir ainsi parlé le major se leva :

— Adieu, madame ; au revoir plutôt, dit-il. Ce soir je vous amènerai votre fils...

. . . .

Deux heures après, le major Samuel entrait chez son protégé le baron de Vaufrelan et lui disait :

— Allons ! mon bon ami, il s'agit maintenant de jouer ton rôle. Tu es au seuil de la fortune ; prends garde de faire un faux pas...

CHAPITRE ONZIÈME

CHAPITRE ONZIÈME.

XI

Tandis que l'aventurier, que nous connaissons à présent sous le nom de major Samuel, songeait à substituer au vrai Raymond un aventurier de son espèce, — le malheureux jeune homme que nous avons vu simultanément abandonné par son seul ami et la femme qu'il aimait, sortait, la tête lourde et le cœur défaillant de ce restaurant où il était entré la veille, remplit d'illusions.

Cependant une pensée consolante se glissait au milieu de son désespoir·

— J'ai refusé de commettre une mauvaise action ! se disait-il en songeant aux infâmes propositions du major, qu'il avait repoussées avec indignation.

Et ce fut, la tête haute, que Raymond quitta la Maison Dorée, et remonta dans sa voiture.

Notre héros était ruiné, mais il avait voulu conserver les débris de son luxe jusqu'au dernier moment.

Ainsi, son hôtel du faubourg Saint-Honoré, vendu le matin précédent, lui appartenait jusqu'au lendemain soir. Il s'était réservé le temps nécessaire pour faire ses malles, vendre ses deux voitures et son dernier cheval de selle.

Le coupé dans lequel il monta longea au grand trot le boulevard, suivit la rue Royale, et fut obligé de prendre par les Champs-Élysées, car le faubourg Saint-Honoré était barré par les paveurs.

Comme Raymond atteignaient le rond-point, le soleil glissa ses premiers rayons à la cime des arbres.

Raymond mit la tête à la portière, et se prit à considérer avec mélancolie cette splendide avenue des Champs-Élysées, qu'il avait parcourue tant de fois à cheval ou en voiture.

— Oh! se dit-il tout à coup avec l'accent désespéré du mourant qui veut voir une dernière fois, avant de fermer les yeux pour toujours, les rayons du soleil, — oh! je veux aller au *bois* une fois encore... Le *bois !* silencieuse retraite le matin, où ceux qui souffrent vont promener leurs douleurs...

Le *bois !* rendez-vous bruyant chaque

soir, où le Paris de la fortune et de la joie se croise sans relâche...

Le *bois*, que ceux qui l'ont parcouru en tout sens, soit que mai rayonne avec son cortège de fleurs et de parfums, soit que décembre diamante de givre les arbres dépouillés, aiment d'un amour vrai et profond !...

Et Raymond rentra chez lui, dans cette maison qu'il allait quitter dans quelques heures, et il fit seller son cheval, le dernier qu'il aurait sans doute, et il s'en alla revoir une fois encore ces grandes allées silencieuses, ces beaux massifs d'arbres qui abritent tant de joies souvent, et consolent parfois de tant d'infortune !...

Il les parcourut une à une au pas, au trot, au galop, savourant avec une âcre volupté cette volupté dernière de l'équitation que sa pauvreté lui interdisait désormais...

Et l'heure passait, le soleil montait à l'horizon, et peu à peu, les allées désertes s'emplissaient de cavaliers...

Tout à coup, comme il se dirigeait vers la grande cascade par l'allée de Lonchamps, il entendit derrière lui un galop rapide, des voix fraîches et sonores, un éclat de rire qui trahissait la jeunesse...

Et il s'arrêta.

Deux amazones, qui suivait un domestique, passèrent au galop près de lui.

Elles étaient jeunes et belles toutes deux ; mais Raymond ne vit que l'une d'elle...

C'était une éblouissante jeune fille montant le plus fier cheval arabe qui jamais eût foulé de son sabot non ferré le sol sablonneux du désert.

Et Raymond le désespéré regarda cette femme qui passa cependant auprès de lui comme un rêve ; mais qui le regarda en passant, elle aussi...

Et ce regard qu'elle laissa tomber sur le jeune homme au front pâle eut le don de le troubler jusqu'au fond de l'âme, de le faire tressaillir et chanceler... On eût dit l'étoile polaire qui brille tout à coup dans la nuit sombre aux yeux du marin sans boussole, perdu sur une mer orageuse, et résigné d'avance à se faire un linceul de la première vague qui viendra l'arracher du pont de son navire démâté.

. . . .

Raymond était ce qu'on appelle aujourd'hui à Paris un homme de cheval aux Champs-Elysées, un gandin sur le boulevard.

Il valait mieux que le monde dans lequel il avait vécu; il était fait pour des amours plus digne que celui d'Antonia et de ses pareilles.

Homme de club et de plaisir, jusqu'à l'heure de sa ruine notre héros s'était toujours fort peu occupé des femmes du vrai monde.

Comme il n'avait jamais songé à se marier, il n'avait jamais entouré une jeune fille de ses hommages, ne s'était jamais demandé si l'amour vrai, l'amour chaste et pur n'était point la réalisation la plus complète de la volupté réelle.

Mais l'amazone avait laissé tomber un regard sur lui en passant, et ce regard avait été l'étincelle qui allume un vaste incendie.

Longtemps, immobile sur sa selle, il suivit des yeux la jeune fille, qui s'éloignait au galop et courait droit à la cascade.

Ce ne fut que lorsqu'elle eut disparu derrière les arbres que Raymond put se rendre au compte exact de la sensation qu'il venait d'éprouver.

Cette sensation, il se la traduisit par ces mots :

— Ah! si j'avais aimé une femme comme celle-là!...

Ce regard bleu et charmant, pudique et curieux tout à la fois, avait été pour Raymond comme une révélation tout entière de l'âme de la jeune fille.

Et soudain, Raymond, toujours immobile, établit dans son esprit un parallèle entre cette belle inconnue et la femme qu'il avait aimée, entre cette jeune fille qui bien certainement appartenait au meilleur monde et Antonia la courtisane.

Il crut voir la première pénétrant, le soir, dans quelque vaste salon un peu triste du faubourg Saint-Germain.

Auprès du feu, un vieillard à qui elle allait tendre son front, tisonnait ou lisait son journal.

Autour d'une table, deux ou trois autres jeunes filles brodaient sous l'œil de leur mère.

Un jeune garçon de huit ans jouait dans un coin et, voyant entrer sa sœur aînée, il courait à elle les bras ouverts.

Et quand son imagination lui eut offert ce calme tableau, Raymond se souvint, et il revit Antonia.

Antonia, la fille paresseuse et sceptique, mordante sans esprit, gaspilleuse sans besoin, gourmande sans appétit.

Antonia, pour laquelle quelques heures auparavant il aurait tout sacrifié, et qu'il vit tout à coup telle qu'elle était, égoïste et blasée.

Et Raymond eut un moment horreur de son ancien amour, et ce sentiment fut si puissant qu'il domina son désespoir et lui fit oublier sa ruine.

Pendant quelques secondes, Raymond se crut toujours riche, toujours élégant, pouvant prétendre à tout, même à la main d'une jeune fille de bonne maison.

— Il faut que je la revoie! se dit-il.

Et il tourna son cheval.

Les gens qui vont au bois le matin arrivent d'ordinaire par l'avenue de l'Impératrice, et s'ils poussent leur promenade jusqu'à la grande cascade, c'est pour revenir ensuite par le lac, dont ils prennent le côté oriental.

Raymond ne douta point un seul instant que les deux amazones ne suivissent cet itinéraire.

Aussi mit-il son cheval au galop dans la direction du lac.

Une fois là, il alla se poster auprès du chalet de Frontin, fit tenir sa monture par un garçon et se glissa à travers les arbres, côtoyant la contre-allée réservée aux cavaliers, et allant ainsi à la rencontre des deux amazones, qui, d'après ses calculs, devaient faire le tour du lac en sens inverse.

Raymond ne se trompait qu'à moitié.

Les amazones avaient bien, en réalité, suivi l'itinéraire présumé. Seulement, arrivées à la hauteur du chalet des lacs, elles avaient trouvé une voiture découverte attelée d'un seul trotteur et conduite par un cocher en livrée du matin.

Alors toutes deux avaient mis pied à terre d'abord, puis elles étaient montées dans la voiture, laissant leurs chevaux au laquais qui les escortait.

La voiture passa rapide à dix pas de Raymond.

Cette fois la belle jeune fille ne le vit point, car il s'effaça du mieux qu'il put derrière un tronc d'arbre; — mais il la revit, lui, et son cœur battit plus fort encore.

La voiture qui ramenait les deux amazones à Paris était déjà loin que le laquais à cheval, occupé de prendre en main les deux autres chevaux, n'avait point encore quitté le chalet.

D'ailleurs, en vrai valet qui ne se refuse absolument rien, il avait appelé le garçon et lui avait demandé un verre de rhum.

Tandis qu'il le vidait d'un trait, Raymond arriva.

Un valet intelligent comprend les choses avant qu'on ait ouvert la bouche.

Celui-là reconnut Raymond pour le cavalier qu'il avait dépassé une demi-heure auparavant et il devina, en le voyant venir à sa rencontre, que c'était à lui qu'il en avait.

En effet, Raymond l'aborda.

Le jeune homme avait encore quelques louis dans sa poche.

Il en mis trois dans la main du laquais :

— Comment te nommes-tu ? lui dit-il.

— Jean, monsieur.

— Tu es au service de ces dames !

Raymond désignait la calèche qui s'éloignait.

— Oui, monsieur.

— Alors...

Et Raymond attacha sur le valet un regard tentateur.

— Monsieur, répondit celui-ci, la jeune fille se nomme Blanche; elle a deux cent mille livres de rentes et est à marier.

— Mais son nom?

— C'est la fille de la marquise de Guérigny. L'autre dame est sa gouvernante.

— Et, demanda Raymond d'une voix tremblante, où demeure-t-elle?

— Rue de Babylonne, 102, au coin du

boulevard des Invalides. Si monsieur est riche et titré, il peut s'avancer... Il n'est encore question d'aucun mariage pour mademoiselle Blanche.

Ces derniers mots du laquais furent pour Raymond un coup de foudre.

Il venait de rêver, il se réveilla.

Raymond n'avait pas de nom, Raymond était ruiné.

Aussi poussa-t-il un soupir désespéré, tournant brusquement le dos au valet stupéfait.

— Je suis maudit! murmura le jeune homme en s'éloignant.

Il retourna au chalet Frontin, remonta à à cheval et s'élança au galop vers Paris, étreint par la vague pensée du suicide.

Il était près de neuf heures du matin lorsqu'il atteignit le rue Royale.

Le balcon de son club était garni d'une douzaine de jeunes gens qui fumaient et causaient.

— Hé! Raymond? lui cria-t-on.

Raymond leva la tête, salua et voulut passer outre.

Mais un des jeunes gens lui dit :

— Monte donc, tu vas voir un curieux spectacle.

Dans l'état d'accablement et de désespérance où était Raymond, il devait être sans volonté aucune.

On le priait de monter. Aller là ou ailleurs, que lui importait ?

Un domestique du cercle était venu tenir son cheval.

Le jeune homme mit pied à terre et gravit lentement l'escalier du club, se disant avec un amer sourire :

— Il paraît que Maxime n'est point encore venu annoncer ma ruine. S'il en était autrement, on se garderait bien de m'appeler.

En terminant cette réflexion, il franchit le seuil d'un fumoir où ces messieurs causaient avec animation.

— Bonjour, Raymond...

— Bonjour, cher...

Dirent plusieurs voix, tandis qu'on lui tendait la main.

— Comme tu es pâle, morbleu! s'écria un des jeunes gens.

Raymond tressaillit.

— J'ai passé la nuit, dit-il.

Puis, afin d'éviter toute autre question sur l'état d'agitation où il était :

— Mais qu'elle est donc cette chose curieuse que vous devez me montrer? dit-il.

— Ah! parbleu! répondit celui qui avait appelé Raymond du haut du balcon, c'est notre ami le baron Barinel, tu sais, le millionnaire fabuleux, qui est en train de se ruiner.

— Où donc ?

— Là, dans le salon vert, à l'*écarté*.

— Contre qui joue-t-il ?

— Contre un homme qui nous a dévalisés tous cette nuit.

— Et cet homme...

— C'est un attaché de l'ambassade portugaise, don Inigo.

— Ah ! dit Raymond, je le connais ; c'est

un joueur heureux et un parfait galant homme.

— Sans nul doute; mais il a gagné plus de trois cent mille francs cette nuit, et voilà Barinel, qui, après avoir vidé sa bourse et son portefeuille, commence à jouer sur parole. Quant à nous, nous y avons renoncé.

— Soyez tranquilles, messieurs, dit Raymond en souriant, le petit Barinel est trop riche pour se ruiner.

— Et, ajouta quelqu'un, il est prudent.

Raymond souleva la portière qui séparait le fumoir du salon vert.

Au milieu de cette pièce deux hommes étaient assis face à face.

CHAPITRE DOUZIÈME

XII

L'un, don Inigo, — un homme au regard profond, au teint olivâtre, aux lèvres minces, — avait devant lui un monceau d'or et de billéts de banque. Il avait le calme du Destin.

— Hé! hé! dit un membre du club, qui avait suivi Raymond, on dirait que la veine va tourner.

En effet, le baron Barinel, avait marqué quatre points et don Inigo n'en avait que deux.

Le baron Barinel, fils d'un receveur général qui lui avait laissé une immense fortune, était un tout jeune homme blond et rose qui jouait avec un sang-froid merveilleux.

— Il serait temps, dit-il en se tournant vers Raymond et lui donnant la main, que la veine changeât.

— Perds-tu beaucoup?

— Je joue dix mille francs en cinq points. Ceci est la dixième partie. Sur l'honneur, si je perds, je lève la séance.

— C'est peu probable : tu as quatre points.

Le baron *donnait*.

— Il serait adroit de tourner le roi, dit Raymond.

Mais le conseil ne fut point suivi, ou, du moins, Raymond fut un mauvais prophète.

Le baron prit trois sept, un neuf et un valet et donna quatre atouts à son adversaire.

Don Inigo abattit son jeu.

— Oh! c'est trop fort! s'écria le baron avec un accent d'humeur.

Mais il avait juré de se lever.

— Tant pis! dit-il. Je n'en mourrai pas, après tout!...

Et il se leva, en effet.

— Vraiment, messieurs, murmura le Portugais avec une courtoisie parfaite, je suis honteux au dernier point de ce bonheur insolent.

— Comment donc! fit un membre du club, il est dix heures du matin, et vous nous *tenez* depuis minuit. Vous avez bien le droit d'aller vous coucher, senor. On n'est pas plus beau joueur.

— Cependant, messieurs, répondit don Inigo, je suis toujours à vos ordres.

— Ah! pardieu! dit un des jeunes gens, lutter contre vous serait peine perdue. Il faudrait trouver des troupes fraîches pour vous battre.

— Hé! mais, dit un autre, les troupes fraîches sont trouvées.

— Où donc?

— Voilà Raymond.

— Messieurs... balbutia Raymond.

— Allons! mets-toi là...

Et on le fit asseoir de force devant don Inigo.

Soudain une inspiration étrange traversa comme une hallucination le cerveau du malheureux jeune homme.

Ses yeux s'arrêtèrent sur le monceau d'or et de billets placé devant le Portugais, et en même temps l'image rayonnante de la jeune fille qu'il avait entrevue une heure auparavant se reproduisit dans son souvenir.

Que se passa-t-il alors dans son âme ?

Dieu seul le sait !

Mais Raymond ruiné tout à l'heure, Raymond désespéré, Raymond qui semblait abandonné, fut pris d'un immense espoir. L'homme qui songeait tout à l'heure à mourir éprouva un ardent besoin de vivre...

— Eh bien! soit, dit-il.

Et il fouilla dans ses poches d'une main convulsive.

Raymond avait juste quarante louis.

— Voilà tout ce que je possède, dit-il.

Et il disait vrai, — il ne lui restait pas vingt francs chez lui.

Il étala les quarante louis sur la table et, regardant le Portugais :

— Accepterez-vous mon modeste enjeu ? fit-il.

— Comment donc ! répondit don Inigo en s'inclinant.

— Tenez, monsieur, reprit Raymond continuant à obéir à cette inspiration bizarre qui s'était emparée de lui, je vais vous proposer une singulière partie...

— Quelle qu'elle soit, je l'accepté ! dit le Portugais.

— Prenez garde !

Don Inigo sourit.

— Je vais jouer avec vous comme le ponte au *trente-et-quarante*.

— Expliquez-vous, monsieur.

— Vous êtes la banque, je suis le joueur.

— Bien.

— Si je gagne, je double mon enjeu avec mon gain.

— Je tiendrai.

— Et tant que je gagnerai, je doublerai.

— Monsieur, dit le Portugais en sou-

riant, la partie est curieuse. Si vous *passez
dix fois de suite*, tout cela est à vous.

Et il montrait son gain énorme.

— Je saute comme la banque de Hombourg ; mais, ajouta-t-il en souriant, *passer
dix fois à l'écarté* est chose rare.

— Bah! dit un des jeunes gens qui
avaient le plus perdu, cela s'est vu !...

— Et, fit un autre qui attacha sur
Raymond un regard attentif, notre ami a
dans l'œil quelque chose de terrible. Vous
êtes Portugais, senor ; Raymond est Fran-

çais. Prenez garde ! C'est une lutte de puissance à puissance.

— J'accepte la lutte !

— Hurrah pour la France ! dit-on.

Et on se groupa autour de Raymond avec un frémissement d'enthousiasme.

— Voici le vengeur, murmurèrent quelques voix.

Don Inigo était toujours calme, toujours impassible.

C'était à lui à donner ; il tourna le roi et fit la vole.

— Ah! messieurs, dit une voix, notre enthousiasme sera de courte durée. Tu n'auras pas le temps de doubler ton enjeu, mon pauvre Raymond.

Raymond donna à son tour et don Inigo fit un point encore.

— Quatre à rien! dit Raymond. Voilà une belle partie à gagner.

— Vous avez juste le temps! dit le Portugais en tournant une carte.

C'était un sept.

— Je dois avoir le roi dans mon jeu, dit-il.

— Vous vous trompez, monsieur, répondit froidement Raymond.

Il abattit son jeu. Il avait quatre atouts par le roi.

Le cercle qui s'intéressait à Raymond reprit courage.

Raymond donna, tourna le roi et fit le point.

Il avait gagné!

Un murmure d'admiration courut comme un frémissement parmi la galerie.

— Il faut passer neuf fois encore, dit le Portugais toujours calme.

— J'en réponds, répliqua Raymond, dont le regard devint fiévreux.

Et il gagna une seconde partie, puis une troisième.

Don Inigo commença à pâlir.

— Monsieur, dit Raymond, il en est temps encore. Si vous doutez, renoncez à cette partie.

— Auriez-vous peur? fit le Portugais dont les lèvres blanchirent.

— Non certes! s'écria Raymond.

Et, dès lors, il joua avec cette incroyable assurance, cette certitude de l'homme qui sent la veine, et au neuvième coup, le tas d'or et le monceau de billets étalés tout à l'heure devant don Inigo avaient passé devant lui.

Raymond avait gagné dix mille louis, c'est-à-dire deux cent mille francs.

— Monsieur, dit alors le Portugais dont

le front était baigné de sueur, à mon tour, je vous proposerai d'en rester là.

— Ah! ah! ricana Raymond.

— Ne tentez pas la fortune! murmura le Portugais.

— Bon! fit Raymond, que la fièvre du jeu étreignait; maintenant, c'est vous qui avez peur!...

Le Portugais était devenu pâle de rage sous sa peau bistrée.

— Eh bien! dit-il, allons jusqu'au bout!... Je vois que mon or va me revenir.

Les dix ou douze jeunes gens qui entouraient Raymond gardaient un morne silence, étreints qu'ils étaient par une indicible émotion.

Mais Raymond avait un sang-froid terrible, un bonheur à faire pâlir un conquérant.

Il gagna la dixième partie en deux coups, et don Inigo se leva ivre de fureur, sans avoir marqué un seul point.

Un tonnerre de bravos éclata alors dans tout le club.

— Voilà, s'écria-t-on, la plus belle martingale qu'on ait jamais jouée!...

Raymond s'était levé à son tour et considérait son gain avec stupeur.

Il était entré au club vers neuf heures avec quarante louis qui constituaient sa fortune présente et à venir.

Onze heures sonnaient, et il avait devant lui un peu plus de quatre cent mille francs!...

Et cependant un remords terrible, un scrupule étrange s'emparèrent de lui.

— Monsieur, dit-il au Portugais, voulez-vous votre revanche?

Mais don Inigo, s'il avait la passion et les colères du joueur, avait aussi les instincts délicats du gentilhomme :

— Non, monsieur, dit-il. Ce n'était point convenu.

Et il salua et sortit.

— Mon Dieu! murmura Raymond en posant ses deux mains sur son front, est-ce que je ne fais pas un rêve ?

— Oui, lui dit une voix, un rêve d'or...

Et Raymond tressaillit, et de nouveau il se prit à songer à cette belle jeune fille un moment entrevue et qui, une heure auparavant, était si loin de lui!...

Et alors il étendit vers son gain une main fiévreuse...

CHAPITRE TREIZIÈME.

CHAPITRE TREIZIÈME

XIII .

Les amazones que nous avions vues descendre de cheval pour monter dans une voiture découverte, avaient quitté le bois et gagné le faubourg Saint-Germain par les Champs-Elysées et les quais.

La jeune fille était à droite, sa gouvernante à gauche.

Mademoiselle Blanche de Guérigny pouvait avoir vingt ans.

Elle avait une adorable chevelure d'un blond fauve, de grands yeux d'un bleu sombre, un large front blanc comme l'ivoire et des lèvres roses faites tout exprès pour le plus gracieux et le plus mutin des sourires.

Blanche était de taille moyenne; elle avait des pieds et des mains d'enfant.

Elevée à l'anglaise, mademoiselle de Guérigny montait à cheval, faisait des armes, tirait au pistolet, suivait une chasse au galop.

Fille unique, elle avait perdu son père de bonne heure et n'avait au monde que sa mère, qui l'idolâtrait.

La gouvernante de mademoiselle de Guérigny était une femme encore jeune, encore belle, d'une distinction achevée et d'une naissance irréprochable.

Elle avait été du meilleur monde et elle était veuve d'un officier supérieur tué devant Sébastopol.

Elle se nommait madame de Bertaut et n'avait aucune fortune.

Blanche et madame de Bertaut vivaient sur un pied d'intimité parfaite. La jeune fille aimait sa gouvernante comme une sœur aînée, et celle-ci adorait Blanche comme son enfant.

La pauvre veuve et la jeune fille causaient en revenant rue de Babylone.

— Mon amie, disait Blanche, avez-vous remarqué ce jeune homme à cheval que nous avons dépassé dans la grande allée de la Cascade?

— A peine, répondit madame de Bertaut.

— Il avait quelque chose de triste et de fatal dans la physionomie et l'attitude.

— Vous êtes folle, ma petite Blanche, et je gage que déjà votre imagination romanesque...

— Ah ! ma bonne amie, interrompit la jeune fille, je vous jure que si vous l'eussiez regardé...

— Bah ! fit madame de Bertaut, il vous aura regardée...

— Eh bien ?

— Et comme vous êtes fort belle...

La jeune fille rougit un peu.

— Ce n'est point là, cependant, dit-elle, ce qui aura pu le rendre pâle et triste, ce me semble. Je vous jure que ce jeune homme doit avoir un très-grand chagrin.

La gouvernante ne répondit pas.

— Tenez, mon amie, continua la jeune fille, vous savez si je suis entourée, adulée, poursuivie dans le monde.

Chaque hiver, depuis trois ans, je suis demandée en mariage à peu près tous les jours...

— C'est tout simple, ma chère petite. Vous êtes belle...

— Et puis, fit la jeune fille, avec amertume, je suis riche, très-riche, surtout depuis la mort de mon oncle, et je ne sais jamais si c'est de moi ou de ma dot qu'on s'éprend.

— Madame de Bertaut eut le sourire de la femme revenue des illusions de ce monde.

— De vous et de la dot, dit-elle.

Blanche froissa avec impatience ses gants qu'elle avait retirés :

— Et voilà justement, dit-elle, pourquoi je ne veux pas me marier.

— Ah ! petite folle...

— Non, je resterai fille toute ma vie,

plutôt que d'accorder ma main à un homme qui ne m'épouserait que pour ma fortune.

— Mais cependant, mon enfant, dit madame de Bertaut, il faudra bien vous marier un jour ou l'autre.

— Pourquoi ? Je me trouve fort heureuse ainsi, mon amie.

— Mais vous n'aurez pas toujours vingt ans. Et puis votre mère est souffrante, maladive...

Blanche devint rêveuse et ne répondit pas.

La calèche avait gagné le boulevard des Invalides et venait de s'arrêter au coin de la rue de Babylone.

L'hôtel de Guérigny était une vaste construction moderne bâtie entre cour et jardin.

Un suisse, en grande livrée, vint ouvrir la grille avec empressement. La calèche roula jusqu'au bas du perron.

— En ce moment aussi une fenêtre

s'ouvrit, encadrant un visage de femme pâle et souffrant.

Mademoiselle Blanche de Guérigny sauta lestement à terre, gravit les dix marches du perron et entra dans l'hôtel.

FIN DU PREMIER VOLUME.

Wassy. — Imprimerie de Mougin-Dallemagne.

EN VENTE

LE ROI DES GUEUX
par PAUL FÉVAL, auteur de : le Bossu, la Louve, l'Homme de Fer, etc., etc.

LE PAYS DES AMOURS
par MAXIMILIEN PERRIN, aut. de : une Nouvelle Rigolboche, les Coureurs d'Amourettes, l'Ami de ma Femme, les Folies de Jeuness

FLEURETTE LA BOUQUETIÈRE
par EUGÈNE SCRIBE, auteur de : les Yeux de ma Tante, le Filleul d'Amadis, etc.

LE SERMENT DES QUATRE VALETS
Roman historique par le vic. PONSON DU TERRAIL, aut. de : les Compagnons de l'Épée, la Belle Provençale, la Cape et l'Épée, etc.

LA HAINE D'UNE FEMME
par HENRY DE KOCK, auteur de : Morte et Vivante, le Médecin des Voleurs, les Femmes honnêtes, Bain d'Amour, etc., etc.

LES GANDINS
par le Vicomte PONSON DU TERRAIL, auteur de : la Jeunesse du roi Henri, la Dame au Gant noir, le Diamant du Commandeur, etc

LES GRANDS DANSEURS DU ROI
par CHARLES RABOU, auteur du Cabinet noir, les Frères de la Mort, la Fille Sanglante, le Marquis de Lupian

Paris. — Imprimerie de P.-A. BOURDIER et Cie, rue Mazarine, 30.

www.ingramcontent.com/pod-product-compliance
Lightning Source LLC
Chambersburg PA
CBHW060644170426
43199CB00012B/1667

www.ingramcontent.com/pod-product-compliance
Lightning Source LLC
Chambersburg PA
CBHW060646170426
43199CB00012B/1681